W0029687

Horst Stern Sterns Bemerkungen über Bienen

Horst Stern

Sterns Bemerkungen über Bienen

verlegt bei Kindler

Fotonachweis

Bavaria-Verlag, Gauting: 1 Dia
K. Heinzelmann: 1 Dia
Klaus Paysan, Stuttgart-Feuerbach: 2 Dias
Hans Pfletschinger, Reichenbach: 1 Dia
W. Schmidt, Berlin: 1 Dia
Heinz Schrempp, Oberrimsingen: 1 Dia
Archiv: SDR, Stuttgart: 40 Dias, 2 Schwarzweiß-Fotos
H.-M. Ulbrich, Aachen: 4 Dias
V-Dia-Verlag, Heidelberg: 1 Dia
Zentrale Farbbild-Agentur, Düsseldorf: 3 Dias

Redaktion: Werner Heilmann
Korrekturen: Margarete Maier
Umschlaggestaltung: H. Numberger
Gesamtherstellung: May & Co., Darmstadt
Printed in Germany
ISBN 3 463 00481 X

Inhalt

Wie man aus einem Elefanten eine Biene macht

Hätte der Herrgott seinen Willen gehabt, dann wäre aus der Biene ein Elefant geworden.
Der Herrgott heißt Horst Jaedicke und ist Direktor des Stuttgarter ARD-Fernsehsenders. Als man ihm meine Absicht vortrug, die Biene zum Gegenstand einer Dienstagabendsendung zu machen, raufte er sich den damals noch schütteren Bart: »Die Biene? Die isch doch viel z'kloi!«
Vor seinem geistigen Auge hatten sich schreckliche Visionen aufgetan: zwischen 30 und 40 Millionen deutsche Menschen, von Stern gezwungen, 45 Minuten lang das Leben der Bienen durch ein Mikroskop zu studieren, schlimmer noch: die Welt durch ein Bienenauge zu betrachten, aufgelöst in grobe Rasterpunkte, statt eingedickt in satte Farben, wie das ZDF sie zur gleichen Zeit ganz gewiß boshaft ausstrahlen würde. 45 Minuten Biene! Das konnte nur auf wissenschaftlich trockenes Brot hinauslaufen, statt auf den Honig gutbürgerlicher Abendunterhaltung. »Nehmet doch den Elefanten, der füllt mit seim ronzelige Arsch scho den Bildschirm! D'Leut möget Elefanten, glaubt eurem Direktor doch au mol ebbes ...«
Ich mochte ihm diesmal nicht glauben. Von Bienen mit sechs Beinen und Haaren daran verstehe ich mehr als jeder Fernsehdirektor. Ich ging selber zu ihm. Er wirkte leidend, als ich den Zweck meines Besuches nannte. »Also die liebe Biene. Warum nimmscht net den ...« Er stand noch immer auf Elefanten. Aber ich war ihm ins Wort gefallen: »Das Leben einer Biene«, sagte ich in bester Moderatormanier, »währet vier Wochen, und dann ist es nichts als Mühe und Arbeit gewesen ...«
»Eben. Und davon haben die Leute abends um acht die Nase voll. Warum nimmscht net den Elefanten ...« Er litt nun wirklich. Aber ich blieb fest. »In diesen vier Wochen durchläuft die Biene so viele Berufe, daß ich sie ablesen muß, um keinen zu vergessen.« Ich kramte meinen Spickzettel hervor: »Babysitter, Amme, Diätschwester, Hofdame, Wachsfabrikant, Maurer, Architekt, Kälte- und Wärmetechniker, Nahrungsmittelchemiker, Portier, Putzfrau, Aufklärer, Gärtner, Transportflieger und (ich blickte bedeutsam auf) Fernsehansagerin, die wichtige Nachrichten tanzen kann.«
Da trat Glanz in seine Augen. »Noi!« sagte er. »Doch!« sagte ich. »Und das kann man alles filmen?« fragte er. »Ja«, sagte ich, obwohl ich damals noch keine Ahnung hatte, wie. Ich vertraute blind Kurt Hirschel, meinem Kameramann, der gesagt hatte, das alles könne er filmen, wenn ich es ihm auch vorführen könne. »Weiter«, sagte Jaedicke.
»Bei so vielem Fleiß«, fuhr ich fort, »kann man sich denken, daß die Damen geschlechtslos sind.«
»Des könnt onsereins brauche in diesem Gschäft«, seufzte er knitz und ließ offen, was er meinte: den Fleiß der Damen oder ihre Geschlechtslosigkeit.

»Weiter.«
»Soviel über fleißige Bienen. Das andere Extrem ist die Bienenkönigin, ein reines Geschlechtstier und das einzige in einem Volk von 50 000 Arbeiterinnen und mehr. Sie legt pro Tag im Sommer bis zu 2000 Eier. Die Menschenfrau, die es ihr an Fruchtbarkeit gleichtun wollte, müßte pro Tag dreimal ins Kindbett statt an den Kochtopf.«
»Und das alles kann man filmen – i moin des mit dene zwoitausend Eier pro Tag?«
»Sicher«, sagte ich unsicher.
»Weiter.«
»Die Königin wird nicht vier Wochen alt, wie die Arbeiterinnen, sondern vier Jahre. Ihre Hochzeitsflüge macht sie nur in ihrem ersten Lebensjahr, dann aber wird sie gleich von mehreren Drohnen nacheinander besamt. Deren Samen trägt sie in einem Leibtäschchen mit sich herum und hält ihn über die Jahre hinweg darin frisch.«
»Eine fliegende Samenbank«, staunte er ins Telefon, das geläutet hatte. »Noi, net du... Was gibt's?« Ich dachte inzwischen weiter nach. Er legte schließlich auf.
»Das Problem Junge oder Mädchen hat die Königin, ohne es zu wissen, bestens unter Kontrolle: Eier, aus denen Arbeiterinnen schlüpfen sollen, werden beim Austritt aus dem Königinnenleib in die Wabenzelle befruchtet. Eier, aus denen männliche Bienen schlüpfen sollen, also Drohnen, wandern ohne Samenzutat in die Zelle. Drohnen haben keinen Vater. Sie haben nur eine Mutter, die Königin. Der nächste männliche Verwandte eines Drohns ist sein Großvater mütterlicherseits, aus dessen Samen eine Arbeiterinnenmade hervorging, die zu der Königin herangefuttert wurde, aus der schließlich unser Drohn hervorging...«
»Das versteht kein Mensch.«
»Das habe ich im Schulfunk schon einmal erzählt. Die Kinder haben es verstanden.«
»Ja gut. Aber hier sprechen Sie zu Erwachsenen.«
Wenn Horst Jaedicke *Sie* zu mir sagt und nach der Schrift spricht, ist ein Stadium der Verhandlung erreicht, in dem er längst darüber nachdenkt, was dies alles den Gebührenzahler bloß wieder kosten wird. Er hört dann kaum noch zu. Ich kam rasch zu Ende: »In einem solchen reinen Mutterstaat ist es klar, daß Männer nur dazu gebraucht werden, wozu man Männer halt so braucht. Und zum Dank dafür, daß die Bienenmänner es auch im Fliegen können, sterben sie den Fliegertod – nach der Kopulation stürzen sie aus der Luft, wo die Begattung stattfindet, tot zu Boden. Die anderen Drohnen, die nicht zum Zuge kamen, und das sind 99 von 100, die werden umgebracht. Das ist die Drohnenschlacht. Es wird also auch in diesem Bienenfilm all das geben, was der Zuschauer abends im Fernsehen gerechterweise für sein Geld verlangen kann: Sex und Tanz und Mord und Totschlag.«
Der Film verursachte, wie man inzwischen weiß, einen Plus-sieben-Aufruhr im Gemüt des deutschen Fernsehpublikums. Und hätten meine Bienen nicht nur zu

tanzen, sondern auch zu singen verstanden, Peter Alexanders Traumnote plus 9 wäre ihnen sicher gewesen, das ergab Infratest. »Gelt«, sagte Horst Jaedicke, als ich ihn ein paar Tage nach der Sendung traf und die begeistert zustimmenden Briefe sich auf seinem Schreibtisch sammelten, »gelt, des hättscht net denkt. Aber mir glaubt ja koiner . . .«

Mit einer Biene ist kein Staat zu machen

Diese Geschichte, die mehr als eine schwäbische Viertelswahrheit enthält, hat auch eine Moral. Anderntags kriegte ich einen Brief in die Hand. Der Absender war ein Wissenschaftler aus einem angesehenen Forschungsinstitut. Er habe, schrieb er, vorzügliches Farbfilmmaterial von *Drosophila pseudoobscura* und *Dr. melanogaster,* von denen man ja wisse, daß sie genetisch hochinteressante Tiere seien, beispielsweise könne man mit ihnen positiv oder negativ geotaktische Stämme züchten, wie Manning schon nachgewiesen habe. Er erlaube sich die Anfrage, ob er sein Filmmaterial zwecks Prüfung auf Sendeeignung einreichen dürfe. Mit vorzüglicher Hochachtung.

Was dieser Doktor Melanogaster denn für ein Tier sei, wurde ich im Sender gefragt. *Drosophila melanogaster,* sagte ich, sei ein sich stark vermehrendes, von gärenden Früchten angezogenes rotäugiges Insekt aus der Familie der Taufliegen. Sie seien ihrer Mutationsfreudigkeit wegen des Vererbungsforschers liebste Versuchskaninchen, auch Essigfliegen genannt.

Die Reaktion der Redaktion war unangemessen sauer. Drosophila, *melanogaster* sowohl als auch *pseudoobscura,* war wieder einmal fürs Fernsehen viel zu klein. Ihr Filmer bekam einen höflich negativen Bescheid.

Dabei bin ich sicher, daß die Taufliegen und der Gebrauch, den die genetische Wissenschaft von ihnen macht, ein großes Fernsehpublikum durchaus zu fesseln vermöchten. Freilich muß man sie und ihr Leben aus dem vornehmen Latein ins Vulgärdeutsche übersetzen, als das man die Sprache der Journalisten in der Wissenschaft nicht selten versteht. Wer schaudernd an den Rändern solcher sprachlichen Niederungen verharrt, wird am Medium Fernsehen kaum jemals mehr haben als von Zeit zu Zeit eine willkommene Gelegenheit zu wissen, daß er es – Gott sei Dank – mal wieder besser weiß.

Von einem zumindest ließ sich dies auch zu einer Zeit nicht sagen, als das Rubrum »Fernsehprofessor« noch nicht erfunden war: Karl von Frisch. Wer immer heute über Bienen nachdenkt, arbeitet, schreibt, der steht auch auf den Schultern dieses feinsinnigen Münchner Gelehrten. Allein, daß er die Tanzsprache der Bienen entschlüsselte, eine im gesamten Tierreich einmalige, raffinierte Nachrichtentechnik, rückt ihn in die Reihe der großen Biologen seit Darwin. Daß er sie überhaupt für möglich hielt, daß er darauf verfiel, nach ihr zu fragen und zu forschen, das halte ich für seine beinahe noch größere

Leistung, denn es sind zuvorderst die wissensträchtigen Fragen, die einer stellt, Ausweis seiner schöpferischen Phantasie. Der Rest ist nicht selten ehrgeizige Verbissenheit.

Der Unbefangenheit des Denkens entspricht bei Karl von Frisch die Unbefangenheit seines Ausdrucks. Er scheut nicht vor dem sich vordergründig, ja, banal lesenden Satz zurück: »Der Bauer kann eine einzelne Kuh, *einen* Hund und, wenn er will, *ein* Huhn halten, aber er kann keine einzelne Biene halten – sie würde in kurzer Zeit zugrunde gehen.« Die Isolation erregt, die Gemeinschaft beruhigt sie. Die Maeterlincksche *Gruppenseele,* das Maraissche *Zusammengesetzte* Tier geben der Phantasie und der philosophischen Spekulation Raum. Karl von Frisch aber ist dem alten Imker näher, der nicht *Die Bienen* sagte, wenn er die staatliche Gesamtheit eines Stockes meinte, sondern *Der Bien.*

Und in der Tat ist das Bienenindividuum ohne die sinnvolle Verschränkung der innerlich und äußerlich stark differenzierten drei Bienenkasten nicht lebensfähig. Eine Königin, die Tag für Tag Eier im Gewicht ihres eigenen Körpers produziert, gibt die Fähigkeit zur Selbsterhaltung weitgehend auf und lebt in der Hauptsache von der Mund-zu-Mund-Fütterung durch ihren Hofstaat. Die Arbeiterin, die in ihren vier, fünf Lebenswochen auf Dienstreisen eine Flugleistung von 700 Kilometern hinter sich bringt, braucht ein von der Königin durch Munddrüsen nach außen abgesondertes Pheromon, einen hormonalen Wirkstoff, der sie daran hindert, Geschlechtsorgane auszubilden und die Brutpflege einzustellen. Und der Drohn, der wenig mehr ist als ein beflügelter Penis, könnte ohne die ihn fütternden Stockbienen weder Leben, noch ohne sie biologisch zeitgerecht sterben.

Folgerichtig gilt die Aufmerksamkeit des Imkers, seine Rücksicht, nur dem Gemeinwesen Bien. Das Individuum Biene, wenn es nicht die gerade herrschende Königin ist, gilt ihm wenig oder nichts. Als wir im Bieneninstitut der Stuttgarter Universität Hohenheim unser Filmgerät aufbauten, wunderten unsere Techniker sich über die Nonchalance, mit der ein akademischer Imker dort Bienen verbrauchte: Er hatte mit Hilfe eines alten Weckers eine endlose Straße konstruiert, ein rundlaufendes Band, über dem er in einer Art von Miniaturkorsett eine Biene fixierte, gerade ebenso hoch über dem Scheitelpunkt der Straße, daß die Bienenbeine auf ihr fußen konnten. Aus einer Pipette setzte er dem Tier dann einen genau dosierten Tropfen Zuckerwasser vor die Mundwerkzeuge. Wenn die Versuchsbiene diese Nahrung aufgenommen hatte, pflegte sie in aller Regel ein frustriertes Laufen anzufangen – fliegen konnte sie ja des Korsetts wegen nicht. Das Uhrwerk registrierte dann die Wegstrecke, die die endlose Straße unter dem fleißigen Getrippel der sechs Bienenbeine zurücklegte.

Das erlaubte Schlüsse auf das Verhältnis von Nahrung zu Leistung und auf den Effizienzunterschied in Bienenrassen. Es erinnerte mich, ich konnte mir nicht helfen, an die Mastleistungsprüfungen in der Schweinezucht, nicht in der Methode zwar, aber doch im Prinzip. Und es wurde uns am ersten Tag unserer Arbeit schon klar, daß die Heidjerromantik von Hermann Löns, die ich meinem

Direktor kompromißlerisch versprochen hatte, längst dahin war. Die Honigbiene ist als Nutztier Gegenstand wissenschaftlicher Zuchtversuche geworden, nicht einmal die künstliche Besamung mehr ausgenommen.
Ja, und der Fußboden dieses Leistungsprüfungsraumes war gesprenkelt mit Bienenleichen. Ein Mann im weißen Laborkittel kehrte sie von Zeit zu Zeit mit dem Besen in eine Ecke. Chitinhaut knirscht so scheußlich, wenn man drauftritt. Die quantitative Analyse forderte eben ihre Opfer. Da sagte tröstend eine Stimme hinter uns: »Ein einziges Bienenvolk in einem einzigen Stock hat manchmal so viele Köpfe wie Ludwigsburg Einwohner hat (eine große, damals 80 000er Kreisstadt bei Stuttgart). Und Bienen empfinden auch keinen Schmerz. Man hat ihnen, während sie Wasser tranken, schon den Unterleib abgetrennt – sie tranken ungerührt weiter . . .«
Ins Zimmer getreten war der Leiter des Instituts, ein Schüler Karl von Frischs auch im menschenfreundlichen Umgang mit Fachfremden (und ausgestattet mit einem Namen, der seinen Beruf Bienenforscher nach leidvoller Berufung schmecken ließ): Dr. Wolfgang Steche. Er hatte es damals in irgendeiner administrativen Universitätsfunktion mit studentischen Neutönern zu tun, und so konnte ihn auch mein total unwissenschaftliches Ansinnen nicht mehr erschüttern, das Bienenleben mit Institutshilfe zwischen den Extremen Putzfrau und Nachrichten-Tänzerin journalistisch zu verfremden. Wir hatten seinen Segen und die Erlaubnis, seine Hohenheimer Universitätsbienen einen ganzen Sommer lang mit Kameras und Scheinwerfern von nützlicher Arbeit abzuhalten. Ich versprach zu sagen, daß eine Biene nicht in strenger hierarchischer Ordnung, nach Art der Beamten, ihren Lebensweg durch diese beruflichen Instanzen antrete; daß es fachidiotische Spezialisten und geniale Alleskönner gäbe; daß Stock- und Sammeltätigkeit, in dieser Reihenfolge, altersgebunden seien; daß viele Beschäftigungen innerhalb dieser beiden Hauptberufsgruppen sich bei manchen Individuen zeitlich ineinander verschränkten; kurzum, daß man über den Verteilerschlüssel unter den Stockbewohnern nichts wirklich Endgültiges wisse. Dr. Steche stimmte mir darin zu, daß die Schilderung der Bienenberufe ein zutreffendes und in den Grenzen meines Mediums vollständiges Bild vom Leben in einem Bienenstock zeichnen könne.

Das Kind als Amme

Eine Königin legt in eine Wabenzelle ein Ei. Aus dem Ei schlüpft eine Made. Die Made verpuppt sich in der verdeckelten Zelle zur Biene. Die Biene schlüpft aus der Zelle ans Dunkle des Bienenstocks. Mit dieser Geburt einer Biene, die sich in einem einzigen Stock täglich tausendmal und öfter ereignet, begann in Großaufnahme unser Film. Gleich darauf war zu sehen, daß das Bienenleben alles andere als ein Honigschlecken ist: Das Bienenbaby machte sich alsbald an die Arbeit, steckte den Oberkörper in eine durch Schlupfakt eben leer

gewordene Wabenzelle und räumte den darin verbliebenen Puppenschmutz aus. Nicht weit davon wanderte die Königin auf der Wabe umher, den übergroßen prallen Unterleib in Legenot windend. Man konnte für ihren Eidrang gar nicht rasch genug neue Brutzellen in unserem nur einwabigen Versuchsstock säubern. Sie legte uns in ihrer Not dankenswerterweise ein Ei auf die Glasscheibe zwischen Kamera und Wabe. Es ähnelte in der Vergrößerung auf dem Bildschirm später in Farbe und Form fatal einer bayerischen Weißwurst, war in natura jedoch nur wenig mehr als einen Millimeter lang.
Im Kopf des Bienenbabys aber wuchsen in drei Tagen Nährdrüsen heran, die in Bedeutung und relativer Größe dem Gesäuge der Warmblüter durchaus vergleichbar sind, nur daß niemand daran saugt. Mit den nährstoffreichen, chemisch hochkomplizierten Ausscheidungen dieser Schlunddrüsen werden die nach drei Tagen aus den Eiern geschlüpften Maden gefüttert. Sie liegen zunächst ringförmig aufgerollt in ihren Sechseckwiegen. Auf ein Gramm gehen 5000 Stück. Doch da sie im Futtersaft schwimmen, nehmen sie in sechs Tagen um das Fünfhundertfache zu. Man rechne sich aus: Setzte ein Menschenbaby in dieser Größenordnung Speck an, dann wöge es nach sechs Tagen etwa 32 Zentner, das dreifache Gewicht eines Reitpferdes.

Die Amme als Diätschwester

Das Ei, aus dem auf dem Weg über Made und Puppe ein Drohn wird, ist unbefruchtet. Nur dem Ei, aus dem eine Arbeiterin werden soll, tat die Königin beim Legen Samen hinzu. Wie aber kommt sie selber zustande? Sie wohnt während ihres Entwicklungsstadiums, ihrer späteren körperlichen Größe entsprechend, pompöser als der untersetztere Drohn und die weit kleinere Arbeiterin. Und sie wird besser, auf jeden Fall anders, ernährt. Der Made, die einmal zur Arbeiterin wird, verabreicht die Amme nur während der ersten dreieinhalb Tage den reinen Futtersaft aus der Kopfdrüse; danach gibt es Bienenhausmannskost aus Blütenstaub und Honig. Die Königinmade dagegen erhält eine Spezialdiät: reiner antibiotischer Futtersaft, versetzt mit chemisch noch unzureichend analysierten kastendeterminierenden Wirkstoffen. Doch ist diese sekretorische Kastenbestimmung über die Diät allein nicht erklärbar. Viele Fragen, insbesondere nach der Mitwirkung hormonaler Stoffe, sind unbeantwortet, obwohl die Biene, als Quasi-Haustier, zu den besterforschten Insekten gehört.
Nebenbei: Als *Gelée Royale* ist diese königliche Diät in Apotheken zu kaufen. Man schreibt ihr eine lebensverlängernde Wirkung auch auf Menschen zu, fußend auf der Tatsache, daß das Endprodukt einer mit diesem Saft gefütterten Bienenlarve, eben die Königin, vier Jahre lebt statt nur vier Wochen, wie die im Larvenstadium anders ernährten Arbeiterinnen. Diese Wabenzellenkur ist nach Professor von Frisch vortrefflich geeignet, ihren Herstellern und Verkäufern Nutzen zu bringen.

Biologielehrern möchte ich an dieser Stelle eine Fangfrage preisgeben, an deren Beantwortung durch Schüler sich der Grad des Mitdenkens ablesen läßt: Es ist die Regel in der Natur, daß das nährende Tier stets älter ist als das von ihm ernährte. Bei den Bienen dagegen ist es denkbar, daß ein vier Tage altes Tier ein sechs Tage altes ernährt. Wie kann das sein? Der richtig Antwortende bedenkt natürlich, daß die gefütterte Bienen*larve* ja erst so etwas wie ein Bienenembryo ist, der von der Eiablage bis zum Schlupfakt der fertigen Arbeitsbiene drei Wochen benötigt – fünf Tage länger übrigens als die Königin und drei Tage weniger als der Drohn.

Brutkomplex

Das Ei einer Königin, hier an einer Glasscheibe, steht als Stift am Zellenboden. Aus ihm schlüpft nach drei Tagen eine Made.

Die Larve einer zukünftigen Königin, sagte ich, lebt nicht nur besser ernährt, sondern auch besser behaust. Ihr bauen die Bienen einen halbdaumenlangen Napf, der der senkrecht im Stock hängenden Wabe wie eine krumme vorspringende Nase im Gesicht hockt. Doch bedürfen die Brutammen solcher ins Auge springenden Unterscheidungsmerkmale nicht bei der Verabreichung der richtigen Diät für die richtige Made. In unserem Film war eine weit erstaunlichere Brutpflegehandlung zu sehen, deren Auslöser niemand exakt zu

5000 Maden gehen auf ein Gramm. Intensive Fütterung durch Ammenbienen bewirkt, daß sie in wenigen Tagen ihr Gewicht verhundertfachen.

benennen vermag: Eine Amme befühlte eine Made lange und eindringlich und fraß sie dann auf! Sie hatte auf eine bislang ungeklärte Weise bemerkt, daß die Königin, möglicherweise wegen starker Inzucht im Institut, ein Ei, das von ihr nicht befruchtet worden war, also einen Drohn produzieren würde, in eine – engere – Brutzelle gelegt hatte, wie sie für ein befruchtetes Arbeiterinnen-Ei reserviert ist. Die Amme fand die Sache im wahrsten Wortsinn deplaciert und bereinigte sie durch Auffressen.

Sie schwimmen im Futtersaft, den die Ammen, die selber noch Kinder sind, aus Kopfdrüsen ausscheiden. Die von der Mittelwand der Wabe leicht ansteigenden Zellen verhindern ihr Auslaufen.

Mit zunehmendem Gewicht füllt die Larve als Rundmade bald den Zellenboden aus.

So liegen sie dicht an dicht im warmen Zentrum der Wabe. Jede Made erhält in sechs Tagen weit über 2000 Pflegebesuche.

Schließlich werden die Zellen mit porösem Wachs verdeckelt.

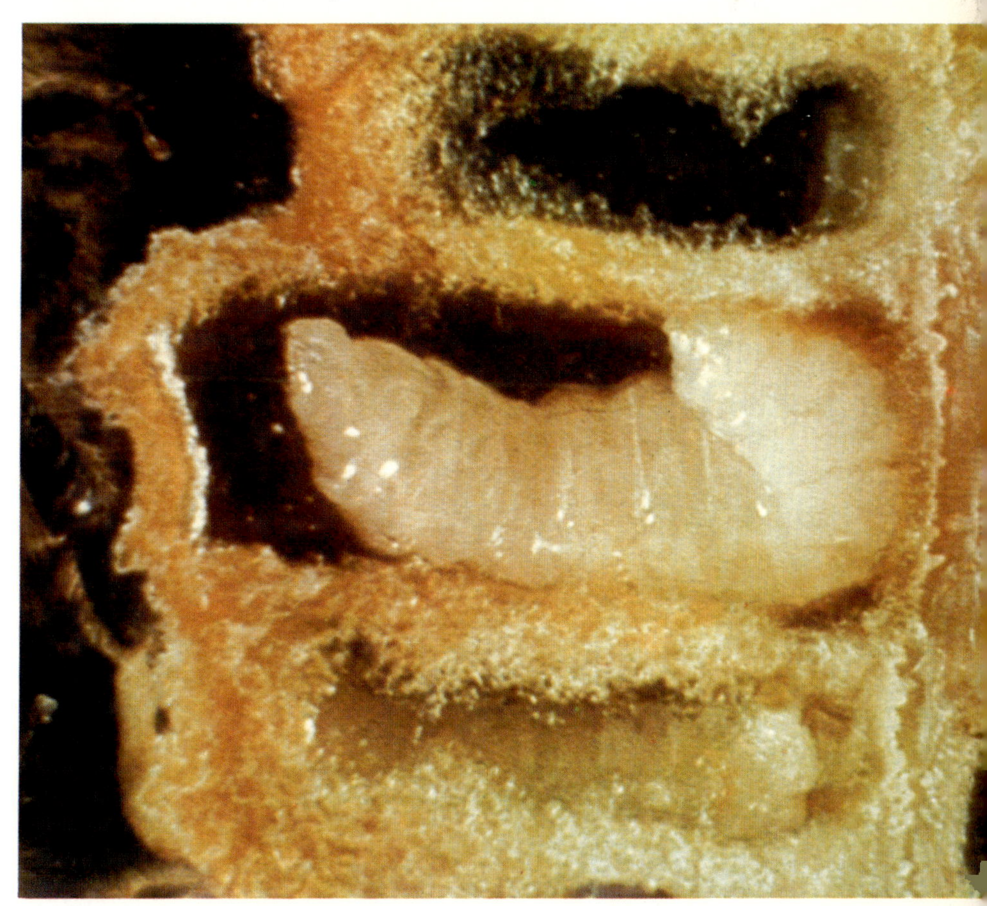

Die Rundmade wird aus Platzmangel zur Streckmade. Mit purzelbaumartigen Bewegungen kleidet sie ihre Zelle mit einer gesponnenen Tapete aus.

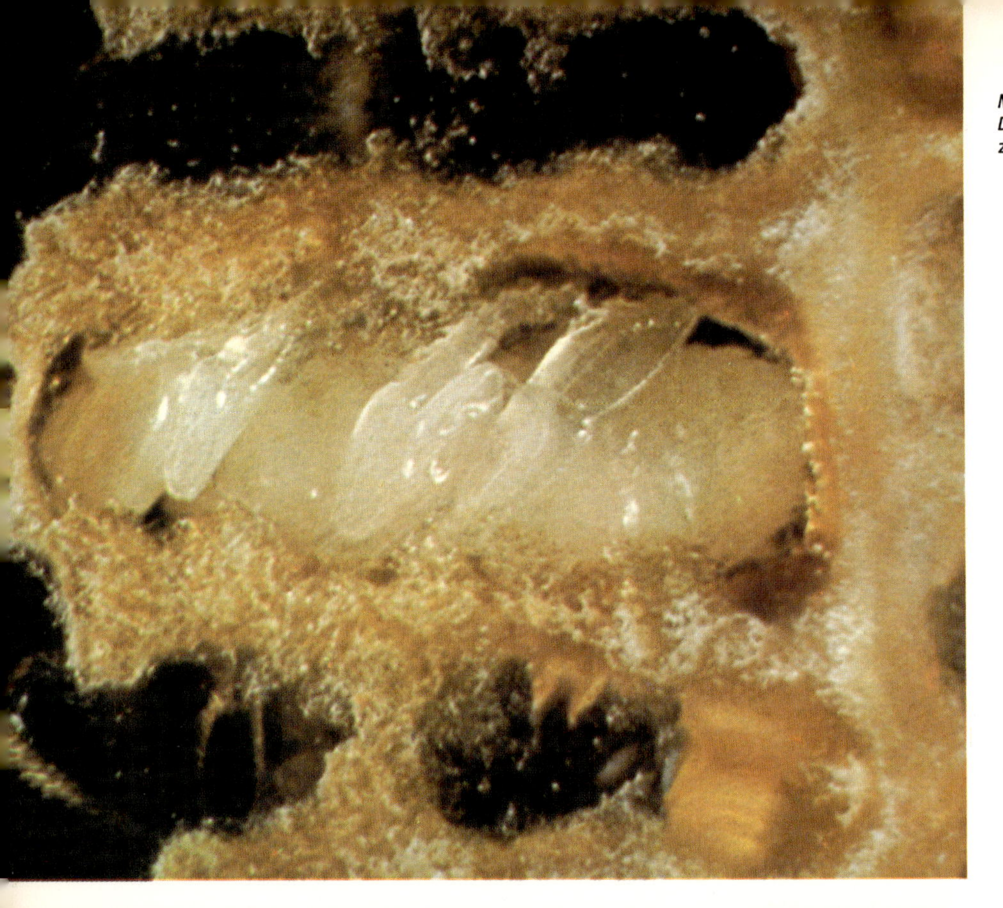

Mit dem Kopf gegen den Deckel gerichtet, kommt sie zur Ruhe.

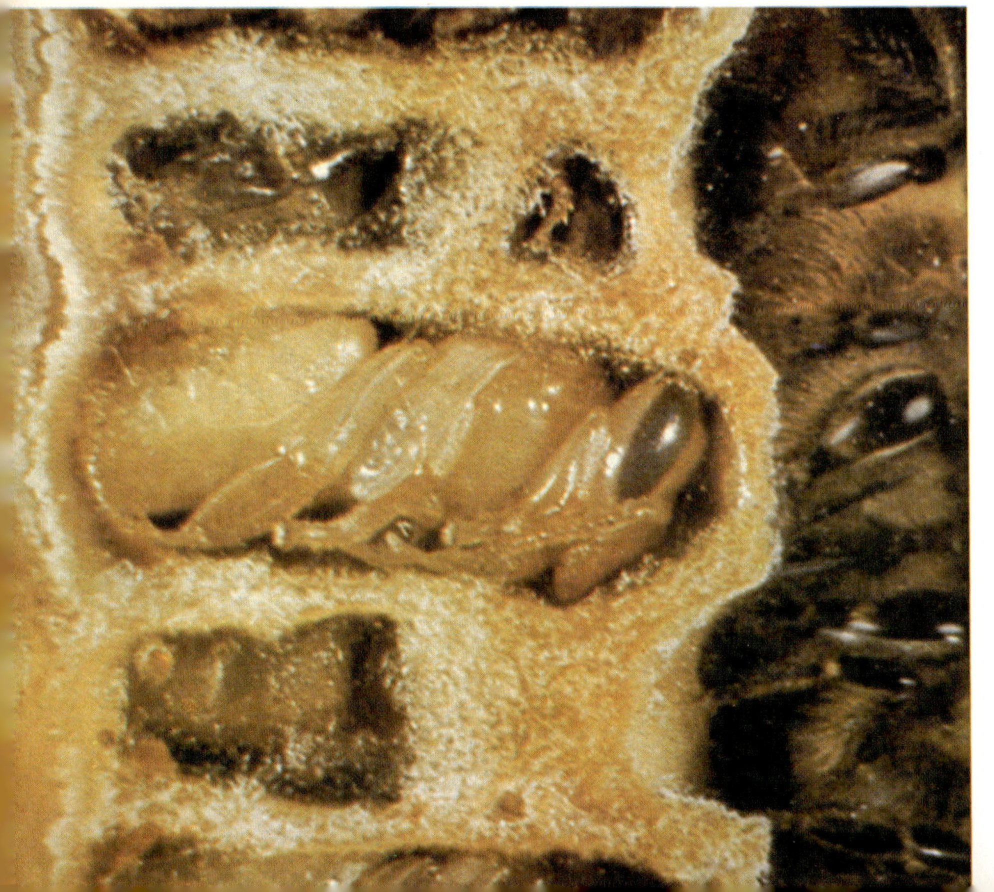

Doch ist diese Puppenruh nur äußerlich. In ihre Inneren macht sie tie greifende Veränderungen zu Biene durch. Schließlic platzt das Puppenhemd un gleitet zum Zellenbode hinab. Sechsmal häutet sic die Puppe. Nach 21 Tage seit Ablage des Eies beißt di fertige Arbeitsbiene vo innen den Deckel auf un schlüpft ins Freie. Als erste streckt sie bettelnd de Rüssel vor: Sie will gefütte sein. Der Nahrungsvorra den sie als Made aufnahm wurde durch die Metamor phose abgebau

Der Hofstaat oder der Fluch der toten Königin

Die mit Eiern schwanger gehende Königin bewegt sich nach Art aller Graviden gemessenen Schrittes zeremoniell über die Wabe. Sie sucht leere, gesäuberte Brutzellen, deren unterschiedliches Raummaß – enger für künftige Arbeiterinnen, weiter für die Drohnen – sie durch Eintauchen mit dem Oberkörper erkundet, bevor sie die Zellenböden jeweils mit einem befruchteten oder einem unbefruchteten Ei »bestiftet«, wie der Imker, der aufrechten Stellung des Eies wegen, den Vorgang nennt. Dabei ist sie von einem Kreis ihrer Hofdamen umgeben: Die Gebärmaschine, die von Februar bis September durchschnittlich 120 000 Eier legt, will ständig betankt sein. Unter der Tyrannei ihres Geschlechts, das sie zwingt, täglich zwischen Frühjahr und Herbst mehr als das eigene Körpergewicht an Eiern zu produzieren und sinnvoll abzusondern, verkümmerte nicht nur der Brutpflegetrieb, der ausschließlich den Arbeiterinnen zufällt, es leidet auch die an sich vorhandene Fähigkeit zur selbständigen Nahrungsaufnahme – die Kinder bemuttern die Mutter. Sie bieten ihr in kurzen Zeitabständen mit den Mündern Futter dar, Körpersäfte, die sie aus eiweißhaltigem Pollen und zuckrigem Nektar produzieren.

Kopf an Kopf, die Leiber nach außen, umdrängen die Bienen des stets wechselnden Hofstaats die Königin – eine sternförmige, im Licht unserer Lampen golden schimmernde Gloriole der Mutterschaft, die alle Wanderungen über die Wabe mitmacht. Wer in meiner Sendung genauer hinschaute, konnte erkennen, wie die Bienen den Leib der Königin beleckten. Die Gier, die man dabei an ihnen wahrzunehmen meint, enthüllt die Macht der von der Evolution programmierten Instinkte, denen die Insekten wahl- und einsichtslos unterworfen sind. Gieren diese Bienen doch nach nichts Geringerem als einem Schicksal, das sie, die durchaus auf Weiblichkeit angelegt sind, im Zustand einer krüppelhaften Geschlechtslosigkeit erhält, die sie nur zur Arbeit tauglich macht: Ein chemischer Wirkstoff, ein durch Drüsen nach außen abgesondertes Pheromon der Königin verhindert, wie wir schon wissen, die Entwicklung der Eierstöcke in den Arbeiterinnen. Und indem die Bienen des Hofstaats stets wechseln und auch mit den anderen Arbeiterinnen des Volkes auf dem Weg des gegenseitigen Fütterns kommunizieren, helfen sie dabei mit, daß das einzige Weib im Stock in 50 000 fleißigen Lieschen eines Volkes die Geschlechtlichkeit niederhält, ohne die kein Leben wirklich vollendet ist.

Wenn das Beispiel für emsigen Fleiß, als das die Biene in unseren Kinderstuben noch immer gefeiert wird, uns leuchtet, dann ist dies Leuchten so erhellend wie das kalte Licht eines Glühwurms. Hier und da lobte mich die Fernsehkritik nach meinem Bienenfilm, ich hätte, in einer Zeit jugendlicher Desorientierung und des Zerfalls staatlicher Werte, mit dem Law-and-Order-Mechanismus des Bienenstaats ein Zeichen geben wollen. Welch ein grobes Mißverständnis! Auch bei den großen Symbolen steckt der Teufel im Detail. Der Zoologe Martin Lindauer beobachtete eine einzelne Biene von ihrem ersten bis zu ihrem 24. Lebenstag täglich mehrere Stunden lang. Von 177 Stunden und 45 Minuten Gesamtbeobachtungszeit saß die Biene 69 Stunden nichtstuend herum, wenn man davon absieht, daß sie sich nach Art aller feminin programmierten Wesen putzte. 56 Stunden und 15 Miunten ging sie auf der Wabe spazieren, und nur während 52 Stunden und 30 Minuten war sie wirklich mit echter Arbeit beschäftigt: kaum mehr als den vierten Teil ihrer Zeit. Doch nahm Lindauer zur Rufrettung der Bienen an, daß sie spazierengehend immerhin Reize verarbeiten, die von unerledigten Aufgaben im Stock ausgehen; daß sie, mit einem vereinfachenden Wort, während dieser Periode das Arbeiten erlernen.

Der französische Entomologe Rémy Chauvin erlebte eine der größten Überraschungen seines Lebens, als eine seiner Assistentinnen, Mademoiselle Pain, in seinem Labor entdeckte, daß selbst eine tote Bienenkönigin, auch wenn sie sich viele Jahre schon in einer Insektensammlung befunden hatte, noch immer eine große Macht auf lebende Bienen ausübt. Sie fühlten sich, wie die Ägyptologen zu den mumifizierten Pharaonen, heftig zum vertrockneten Leichnam einer Königin hingezogen, die nach den Zeit- und Generationsverhältnissen der Bienen Jahrhunderte vor ihnen gelebt hatte. Sie berührten die Tote mit den Zungen, und als Folge davon schrumpften ihre Eierstöcke. Die Tiere hörten auf, den schon begonnenen Bau von Königinnenzellen fortzusetzen. Eine Tote verdrängte neues Leben.

Nun sieht die positivistische Wissenschaft in dieser gespenstisch motivierten Arbeitsniederlegung am Bau neuer wächserner Königinnenwiegen wenig mehr als einen durchaus vernünftigen, zweckgerichteten Steuermechanismus der Natur: Mehrere regierende Königinnen in einem monomatriarchalisch organisierten Bienenvolk sind undenkbar.

Ist die Königinmutter zur Schwarmzeit im Frühsommer mit einem Teil ihres Volkes aus dem Stock ausgewandert und sind zur gleichen Zeit die zu ihrer Nachfolge bestimmten Kinderköniginnen in ihren Wiegen schlupfreif, dann geschieht wiederum etwas, das von fern an düstere Shakespearesche Königsdramen erinnert: Die Erstgeborene erzeugt durch Luftauspressen aus den der Atmung dienenden Körperöffnungen und durch Tonmodulationen mittels Flügelzittern ein markantes Sopran-h. Sie »tütet«, sagt der Imker.

Dieses Tüten der Erstgeborenen hat zur Folge, daß ihre auf die gleiche Weise, wegen der noch geschlossenen Zellen aber eine Oktave tiefer quakenden königlichen Schwestern die Arbeit an ihrem eigenen Schlupfakt wie unter einer Heroldsdrohung einstellen. Man kann beobachten, daß die Erstgeborene, die sich mit der säbelnden Akkuratesse eines maschinellen Brotanschnitts selber aus dem Wachsleib ihrer Zelle hinausoperierte, zu den Schwestern eilt und sie in ihren Wiegen absticht. Nur sie wird sich auf dem Hochzeitsflug von Drohnen begatten lassen, um dann mit dem im Stock verbliebenen Rest des Muttervolkes ein neues eigenes zu begründen. Ist ein großes Bienenvolk aber zu mehr als einem Schwarm bestimmt, dann beschützen die Arbeiterinnen die Jungköniginnen vor ihrer erstgeborenen Schwester. Sie füttern sie durch ein Loch in der Wachswand bis zum Auszug der Erstgeborenen mit einem weiteren

Teil des Volkes. Dann erst lassen sie die höheren Töchter heraus – zum Kampf, den nur eine als neue Stockmutter überlebt.
Für die Wissenschaft freilich reduziert sich das finstere Königsdrama zu Chemie. Alle aktiven Substanzen des zauberischen Pheromons, das das strenge Kastenwesen im Bienenvolk aufrechterhält, konnten isoliert werden, schrieb Chauvin. Ein alkoholischer Extrakt, den er aus der toten Königin bereitete,

Königin

Der Unterleib einer Bienenkönigin beherbergt ungeheuere Eierstöcke, die im Verlauf von acht Monaten bis zu 120 000 Eier absondern können.

rief den Effekt der Ovarienschrumpfung bei den Arbeiterinnen mit allen sozialen Folgen ebenso wie die Königin selber hervor. Es genügte sogar der Kopf der toten Königin als Sitz der Mandibeldrüsen, die das Pheromon ausscheiden. »Das alles deutet darauf hin, daß der Vorgang rein chemischer Natur ist.« Das ernüchternde Chiffrenskelett des Mysteriums: 2^{trans}-Decenon-(9)-säure(1) (Ch_3-CO-$[CH_2]_5$-CH = CH-COOH).

Vor dem Bestiften einer Zelle mit einem Ei vergewissert die Königin sich durch Eintauchen von der Zellengröße: in die kleineren Arbeiterzellen legt sie ein mit Drohnensamen befruchtetes Ei; in die größeren Drohnenzellen heftet sie ein unbefruchtetes Ei: Drohnen haben keinen Vater.

Während sie den Hinterleib in die Zelle senkt und ein Ei absondert, ist sie von ihrem Hofstaat umgeben – Stockbienen, die sie ständig füttern.

Geburt einer Königin

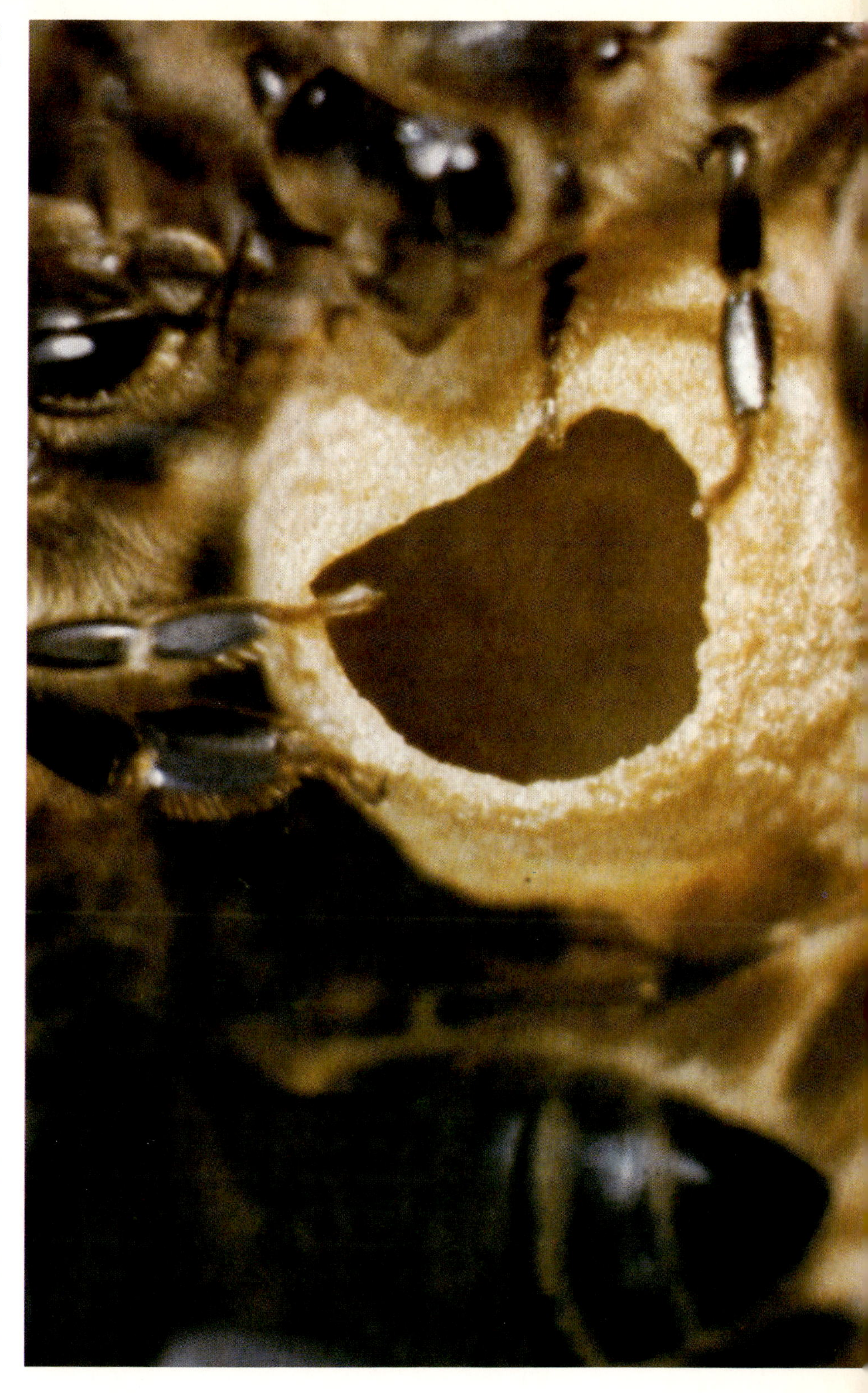

Die Königinnenwiege, von den Imkern »Weiselnapf« genannt, ist eine geräumige Wachshöhle inmitten oder am unteren Rand der Wabe. In ihr wächst innerhalb von 16 Tagen vom Ei über die mit einem Spezialfutter versehene Larve und das Puppenstadium die fertige Königin heran.

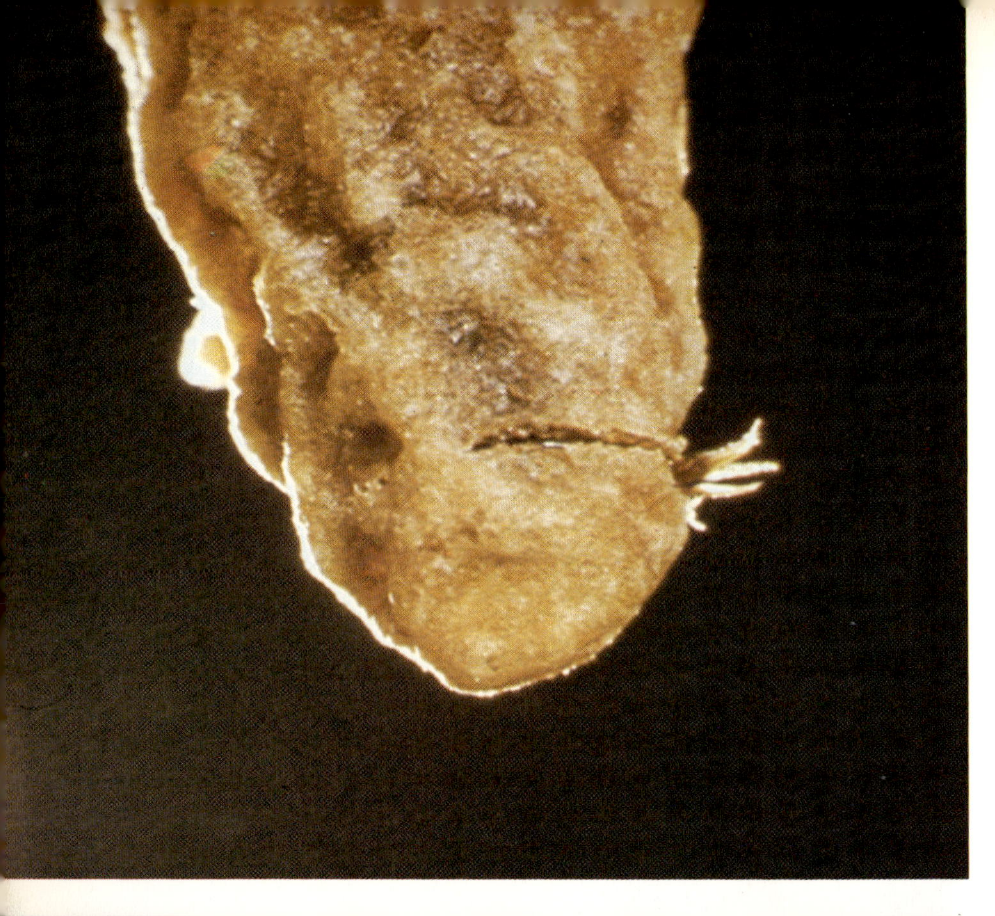

Sie sägt mit präzisem Schnitt den Napf auf . . .

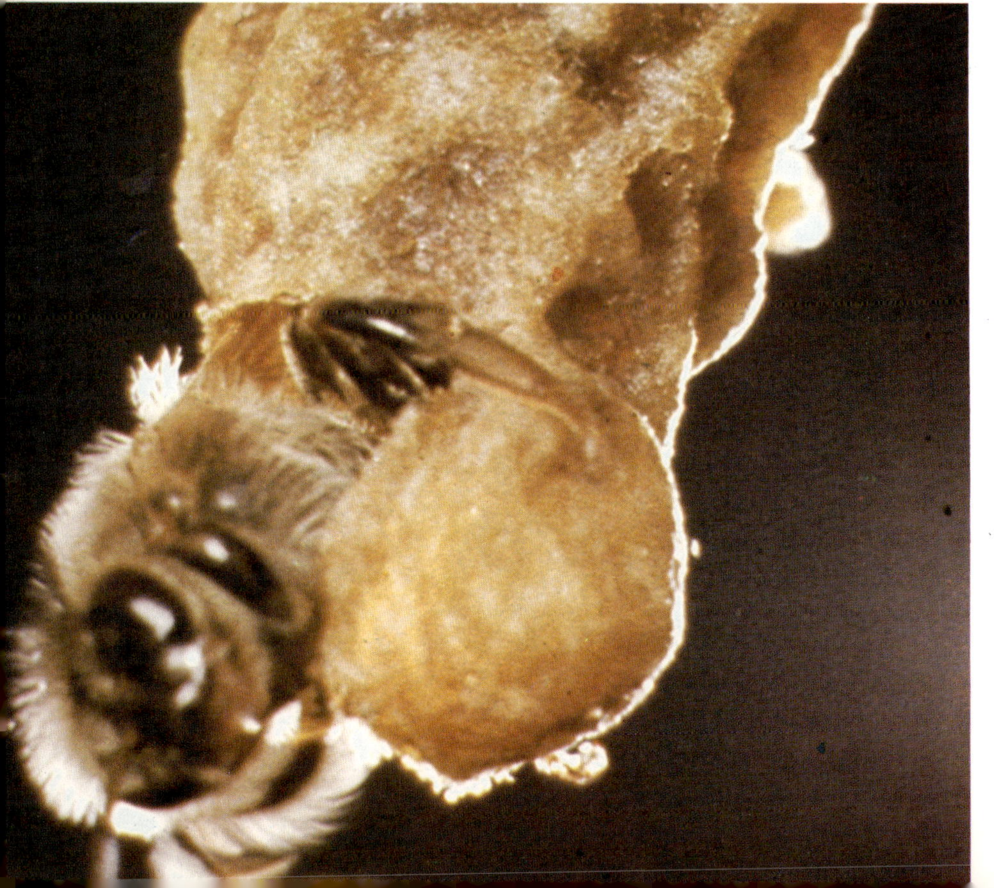

. . . klappt ihn wie einen Deckel um . . .

. . . und tritt nach einem Hochzeitsflug die Nachfolge ihrer mit der Hälfte des Volkes kurz zuvor ausgeschwärmten Mutter an. Ihre Schwestern bringt sie in ihren Wiegen um, wenn die Stockbienen sie nicht daran hindern, weil die anderen Jungköniginnen noch für weitere Schwärme gebraucht werden.

Bienen schwitzen nicht (und wenn, dann Wachs)

Daß Bienen wie Schulbuben den Kopf unter die fließende Wasserleitung halten und auch ohne Tränkebrett trinken, war möglicherweise selbst Imkern neu, als sie es in unserem Film sahen. Die Bienen behalten indessen das Wasser nicht bei sich. Ein Viertel Liter pro Tag und Volk ist nötig, um im Frühjahr den vom langen Lagern im Winter eingedickten Honig zu verflüssigen, um die Futterdrüsen im Kopf der Ammen aktiv zu erhalten und um schließlich an heißen Sommertagen das Stockinnere zu klimatisieren.

Glücklich das Pferd, in dessen Haut unzählige Schweißdrüsen münden, deren Absonderungen an der Luft Verdunstungskälte erzeugen. Und weil das Schweißvergießen einem Dichterwort zufolge der Preis der Edlen für eine gute Tat ist, nennt man das Pferd auch seines profusen Schwitzens wegen edel: Es ist darin dem Menschen verwandt. Aristophanes pries das Glück des Kahlkopfes, der, den antiken Pilzköpfen darin überlegen, über eine größere, die Hitze des Blutes abstrahlende Hautfläche verfügt als jene, und der seine von Schweiß feuchte Glatze genüßlich in den ägäischen Etesienwind halten konnte. Das arme Schwein dagegen, obwohl eingehüllt in warmen Mief und fetten Speck, ist zum Schwitzen dennoch total unfähig und bezahlt dafür im zu heißen Stall leicht mit einer in des Nachbarn Schwanz beißenden Hysterie, die sich rasch zum blutigen Kannibalismus ausweitet. Der Hund hängt die feuchte Zunge heraus und zieht zur Kühlung hechelnd die Luft darüber hinweg. Die Biene stellt den Ventilator an.

In der Sekundendauer, die die Lippen brauchen, um das Wort Ventilator zu formen, hat die Biene ihn in Gestalt ihrer Flügel schon zweihundertmal bewegt. Wer Kindern heute noch die Entmaterialisierung eines im Ruhezustand körperhaften Flugzeugpropellers zeigen möchte, der gleichermaßen zum Fliegen wie zur Luftbewegung im Stand geeignet ist, der führe sie an einen Bienenstock. Der brausende Luftstrom, der an warmen Sommertagen aus dem Flugloch kommt, verlöscht jede Kerze. Ventilatorbienen sitzen da, als wären sie flügellos. Im Gegenlicht aber schimmert ihr physikalischer Heiligenschein, ein rippenloses durchsichtiges Flügelrad mit einem Radius von 9,2 Millimetern. Wenn die Bienen ihre vier Flügel zum Fliegen anspannen, dann kuppeln sie mit Hilfe von Wulstrand und Häkchen das Flügelpaar an jeder Körperseite zu jeweils einer Tragfläche zusammen.

Die richtige Stocktemperatur beträgt knapp 35 Grad Celsius. Viel mehr ist der Statik des Wabenbaus, der Konsistenz des lagernden Honigs und dem Wohlbefinden der Brut nicht zuträglich: Bei mehr als 40° Stocktemperatur verlassen die Bienen Brut und Beute. Aber bis dahin versuchen sie, das Klima zu regulieren. Steigt ihr inneres Thermometer, das auf 0,25° noch anspricht, dann überziehen sie die Waben mit einem Wasserfilm. Sie machen sie gleichsam zur schwitzenden Haut, über die sie die brausenden Luftströme ihrer schwirrenden Flügel streichen lassen.

Aber nicht nur die Kühltechnik ist ihnen geläufig. Bei Temperaturstürzen häkeln sie mit ihren Beinen und Körpern einen Vorhang, den sie über die gefährdete Brut im Zentrum der Wabe breiten. Doch nicht genug damit: sie durchziehen diesen Vorhang wie eine elektrisch beheizte Schlafdecke mit Wärmeströmen, die sie in ihrer Brust durch Muskelarbeit erzeugen und die um 10 Grad höher liegen können als die sie umgebende Stocktemperatur.

Es ist nun an der Zeit, das Haus zu betrachten, das den kasernierten Bienen von heute die schützende, wärmende Leiberhaut des einst frei in Busch oder Baum hängenden Brutnestes ersetzt. Der Wohnhöhle des Steinzeitmenschen steht schon der hohle Baum seiner Honigbienen gegenüber. Ihre stammesgeschichtlichen Vorfahren entwickelten sich von einsiedlerisch lebenden Erdbrütern fort zum Zusammenschluß zu Weibchenkolonien mit ersten primitiven sozialen Instinkten, bis hin zur raffinierten Insektenstaatlichkeit, deren Kriterium stets das zweigeteilte Weib ist: Königin und Amme, Geschlecht und Mutter.

Daß die Honigbienen in guten Jahren schon immer weit mehr Honig produzierten, als sie für den eigenen Verbrauch nötig haben, war und ist Grundlage aller Imkerei. Und so war denn von altersher das Haus, das der Mensch den nomadisierenden Bienen baute, mehr seiner eigenen, auf gefahrlose Ausbeutung gerichteten Bequemlichkeit angepaßt als dem ungestörten Leben der Bienen. Er fiel diesen Tieren, denen ein enges Flugloch genügte, zunächst mit Beil und Messer, dann mit der Tür ins Haus, durch die er sich mit Honig bedienen konnte. Der Weg von der primitiven Baumhöhle über die phantasiereiche Bauernkunst der Klotzbeuten, hin zum modernen Halbfertighaus für Bienen hat in der Hinwendung zur reinen Zweckform deutliche Parallelen in der Entwicklung menschlicher Behausungen. Es teilen die Bienen längst schon auch die Mobilität unserer Autogesellschaft. Bienenhäuser, die sich raumsparend zu Containerformat schichten lassen, wandern per Gabelstapler auf angepaßte Lastwagenmodelle. So legen die Völker von *Apis mellifica* heute weite Strecken zurück, hin zur reichen Tracht großflächiger, spezialisierter Hortikulturen, zu blühenden Wäldern und Heidelandschaften. Der Benzinpreis beeinflußt den Marktwert des Honigs.

Jeder kennt die Strohkörbe der Heide-Imker. Kuhmist, von der Sonne zu hartem Verputz getrocknet, gab ihnen Beständigkeit, und den Bienen genügten ein paar Rosenholzrippen, an denen sie das süße Fleisch ihrer Waben wachsen lassen konnten. Obwohl noch im Gebrauch, sind sie längst museumsreif. Das moderne Bienenhaus ist ein unromantischer Holzkasten, in dem maschinell gefertigte Halbfertigwaben hängen, zum bequemen Herausnehmen nach oben. Es sind Wachsplatten, auf denen beidseitig die Böden und sechseckigen Fundamentmäuerchen für die Wabenzellen aufgeprägt sind – die Bienen brauchen nur die Zellenwände noch hochzuziehen. *Time is honey.* Da der Grundriß der Drohnenzellen geringfügig größer ist, unterdrücken diese künstlichen Honigzellenfundamente im Zeitalter der künstlichen Königinnen-Besamung auch die unnütze Drohnenproduktion.

Und da sitzen sie nun, die Stockbienen, und schwitzen Wachs. Sie sind jetzt 10

Hausformen

Die mit Kuhmist verputzten Bienenkörbe der Imker kommen aus der Mode: Sie sind unbequem, weil nur durch Umstülpen von unten zugänglich, und sie sind für den geruhsamen Transport auf Leiterwagen innerhalb der Heide gedacht.

Tage alt. Ihre Kindermädchenzeit liegt hinter ihnen. 10 000 junge Ammen wuchsen in den zehn Tagen, die die Älteren nun leben, zur Brutpflege nach. Die großen Nährdrüsen in den Köpfen haben sich zurückgebildet. Acht Hinterleibsdrüsen scheiden jetzt Wachs aus, das sich zwischen der Dachziegelanordnung der Bauchschuppen zu Schindeln formt und härtet. Mit den Stechborsten der Hinterbeine heben die Bienen sie vom Unterleib ab, reichen sie an die knetenden Mandibeln des Kopfes weiter und gehen schließlich mit der duftenden Mörtellast auf den Bau.

Das moderne Bienenhaus ist eine reine Zweckform, leicht von oben zugänglich und raumsparend auf Lastwagen zu verladen, mit denen man die Völker über weite Strecken hinweg zu ergiebigen Obstkulturen transportiert – zum Honig winken dem Imker dort Prämien für die wichtigste Nebenbeschäftigung der Biene: das Bestäuben der Blüten.

Bienen sehen Farben. Sie ersetzen ihnen die Hausnummern an gleichaussehenden Reihenhäusern.

Das Primitivhaus der Bienen hängt frei im Baum. Es kommt zustande, wenn ein ausgeschwärmtes Volk sich nicht auf eine neue feste Wohnung einigen konnte und die Legenot der Königin dringend nach Wabenzellen verlangte. Die Bienen bilden dann mit ihren Leibern eine wärmende Schutzwand um die Waben, die hier verlassen sind.

Wabenbau

Vom zehnten Lebenstag an schwitzen die Bienen Wachs für den Wabenbau. Es tritt ihnen zwischen den Segmenten des Unterleibs, am Bauch, hervor.

Von dort nehmen sie ihn mit den Beinen ab, kneten ihn mit den Mundwerkzeugen zu Mörtel und schaffen ihn auf die Baustelle. Der Wabenbau schreitet von oben nach unten zügig fort.

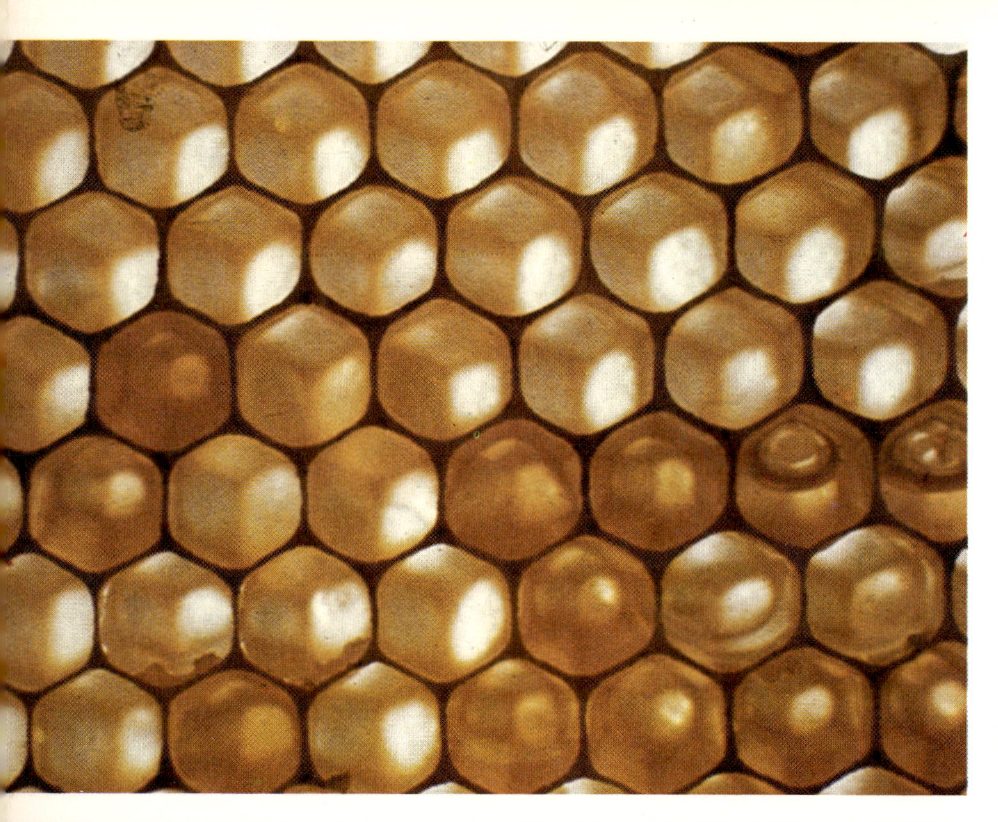

Er ist von großer Regelmäßigkeit. Die Winkelsumme eines Sechsecks beträgt 720 Grad, der Durchmesser einer Zelle 5,37 mm. Jede Wabe wird beidseitig mit Zellen bebaut.

Die Zellen sind von unterschiedlicher Größe: Der Anbau für die Drohnenbrut unten zeigt deutlich den größeren Zellendurchmesser. Am Rand des Arbeiterinnen-Altbaus hängt ein Weiselnapf, eine Brutzelle für eine Königin.

Mitunter stehen die Thronwiegen auch inmitten des Sechseckparketts der Wabe.

Die bezogene, senkrecht im Stock hängende Wabe ist nicht regellos bewohnt. In der Mitte sind die Zellen für die Brut, teils schon verdeckelt, teils noch offen, je nach dem Reifezustand der Maden. Um die Brut herum ist gelber Pollen eingelagert, die Eiweißnahrung der Bienen. Der Honig findet sich am Außenrand, auch er teilweise schon verdeckelt als Zeichen der Reife.

Die Zelle – ein sechseckiger Geruch

Die Bienenwabe ist das Ideal der Statiker. Wo es, wie im Flugzeugbau, um geringstes Gewicht bei größter Festigkeit geht, da ist das Bauprinzip der Bienen unübertroffen. Die Sparsamkeit im Material kommt vom Sechseck, die Festigkeit vom Ineinanderschachteln nicht nur der sechseckigen Wände, sondern auch der vertieften Zellenböden. Damit der Honig, der noch nicht verdeckelt ist, vor dem Auslaufen bewahrt bleibt, steigen die Zellen zu beiden Seiten der Mittelwand leicht an. Die Normalzelle, die Arbeiterinnenbrut, Pollen oder Honig aufnimmt, hat einen Durchmesser von 5,37 Millimeter bei einer Winkelsumme von 720 Grad. Die Drohnenzelle ist geringfügig größer. Die mathematische Genauigkeit, die selbst der Astronom Kepler an der Wabenzelle rühmte, wird freilich überschätzt: Pfusch im Hausbau ist auch bei Bienen verbreitet.
Man sagt, daß die Biene dieselben Düfte wie der Mensch (und diese auch nicht sehr viel besser) wahrnehme, daß sie aber *plastisch* riechen könne: Sie nimmt im dunklen Stock mit den Riechorganen, die von der Atmungsfunktion des Hinterleibes befreit sind und an den Fühlerenden sitzen, die perspektivische Form eines Gegenstandes wahr. Für die Biene, sagt Karl von Frisch, sei der »sechseckige Wachsgeruch« vom »kugeligen Wachsgeruch« ebenso verschieden, wie für uns der Anblick einer Wachswabe und einer Wachskugel. Beschädigt man Bienen die Fühler, wird die Regelmäßigkeit des Bauens gestört.
Daß die Bienen sechseckig bauen statt rund, hat nicht nur den Grund der Festigkeit und der Materialersparnis. Wo runde Zellen wie Ölfässer aneinanderstoßen, entstehen schwer zugängliche, unbelüftete Hohlräume: Die Bienen kriegten am Ende die Motten.
Das Lot, mit dem der Maurer die Senkrechte fällt, hat jede Biene im Kopf, und das ziemlich wörtlich. Ihr Kopf ist marionettenhaft beweglich und mit der Brust nur verzapft. Sein Schwerpunkt liegt abwärts dem Mund zu, unterhalb der Verzapfung, was zur Folge hat, daß der Kopf sich bei jeder Raumlage des Bienenkörpers auf die Schwerkraft einspielen kann. Er übt dabei Druck aus auf einen Kranz von Sinnesborsten an den beiden Chitinzapfen, die als Hals den Kopf halten. Druck auf die brustseitigen Borsten signalisiert der Biene im dunklen Stock, daß ihr die Schwerkraft das Kinn nach unten zog, ihre Körperachse also senkrecht nach *oben* zeigt. Druck des Hinterkopfes auf die Nackenborsten dagegen sagt ihr, daß sie auf der Wabe *kopfunter* steht: Die Schwerkraft zog das gewichtige Kinn bodenwärts, hebelte also nach Art einer Waage den Nacken aufwärts gegen die dortsitzenden Sinnesborsten.
Die Besitzer eines Kinnbartes und langer Nackenhaare werden geringere Mühe haben, die Wirkungsweise des Schwerkraftorgans der Bienen nachzuempfinden: Obwohl sie über meiner Funktionsbeschreibung ein*nickten*, begriffen sie sie doch: Das Kitzeln des Bartes am Hals signalisierte ihrem Unterbewußtsein, daß ihr Kopf aus der Schwerkraftachse des Körpers nach vorn gefallen war. Kippte er, umgekehrt, nach hinten, dann drang die Nachricht vom

Mißklang zwischen Kopf und Schwerkraftachse über die am Jackenkragen aufstoßenden Nackenhaare in sie ein. Aus dem Charakter der langen Haare als Sinnesorgan erklärt sich wohl auch, warum ihr Schneiden jungen Menschen so weh tut.
Apropos Giftstachel . . .

Kamikaze

Dem Imker, sagte ich eingangs, bedeutet der Bienenstaat alles, das Individuum nichts. Er folgt darin nur der Natur, die es so eingerichtet hat, daß die stechende Biene nur sekundär sich selber, in erster Linie aber ihr Gemeinwesen verteidigt. Anders ist kein Sinn zu entdecken in der weithin bekannten Tatsache, daß sich die stechende Biene ums Leben bringt.
Die elastische Haut der Säugetiere zieht sich um die Einstichstelle zusammen und hält die eingedrungenen Stechborsten an ihren Widerhaken fest. Indem die Biene von der Stichstelle fortstrebt, reißt sie sich den Stachelapparat aus dem Leib. Nicht selten hängt der Darm, ja das Unterleibsende noch daran. Die Biene ist zum Tod verurteilt. Längstens nach einer Woche stirbt sie.
Das ist aber nur die halbe Kamikaze-Geschichte. Da der Nervenknoten mitsamt der Giftblase aus dem Leib herausgerissen wurde, setzt meist erst nach dem Abgang der Biene die Wirkung ihrer Waffe richtig ein: In einer Stachelrinne gleiten gegenläufig zwei Stechborsten und dringen – als Nervenzuckung deutlich sichtbar – immer tiefer in die Haut ein, während sich die Giftblase unter den Pumpbewegungen der Borsten in die Stichwunde hinein entleert.
Die Bedeutung eines Bienenlebens ist angesichts der ungeheuer großen Zahl identischer Einzelwesen zu gering, die Wirkung des Bienenstichs – selbst auf den Menschen – im Verhältnis dazu aber allzu groß, um nicht den Gedanken aufkommen zu lassen, daß diese monströse Waffe allein der Schutzwürdigkeit des höherwertigen Gemeinwesens angemessen sein kann. Auch entspricht die Dramatik des Entleibens der Größe der Gefahr, die für die Biene vom warmblütigen Feind, Bär oder Mensch, ausgeht. Nur er ist in der Lage, den gesamten Stock mit einem Schlag zu vernichten, was er in Urzeiten auch oft genug getan haben wird, um an den Honig zu kommen. Folgerichtig geht die Verteidigung gegen räuberische Insekten, Wespen etwa oder Totenkopfschwärmer, die nur um ein paar Mäuler voll Honig willen in die Stöcke einzudringen versuchen, weit weniger dramatisch vor sich. Aus der spröden Chitinhaut der Wespe zieht die am Flugloch wachhabende Biene ihren Stachel unbeschädigt wieder heraus.
Drohnen sind stachellos. Königinnen haben einen Stachel, einen großen gefährlichen, giftvollen sogar, doch machen begattete Exemplare niemals, unbegattete nur in äußerster Not von ihm Gebrauch. Dann aber ziehen sie ihn

sogar aus der Menschenhaut unbeschädigt wieder heraus, denn seine Widerhaken sind kaum der Rede wert: Mutterschutz der Natur.
Bienengift, industriell zum Pharmakon verarbeitet, hat lindernde Wirkung auf Rheuma. Eine Arzneimittelfabrik im schwäbischen Oberland kauft zur eigenen Zucht die Bienen waggonweise hinzu, entlädt sie unter größten Vorsichtsmaßnahmen vom Bahngleis ins Labor und versammelt sie, wie Streusel auf dem Kuchen, auf Melktischen, die man auch wohl einen elektrischen Stuhl für Bienen nennen kann. Eine Platte senkt sich auf die Tiere herab und preßt sie sanft an eine saugfähige Unterlage, in die hinein die Bienen dann, unter Einwirkung von elektrischem Strom, ihr Gift entleeren.
Doch kann Bienengift nicht nur heilen. Es kann auch die Atmung lähmen und

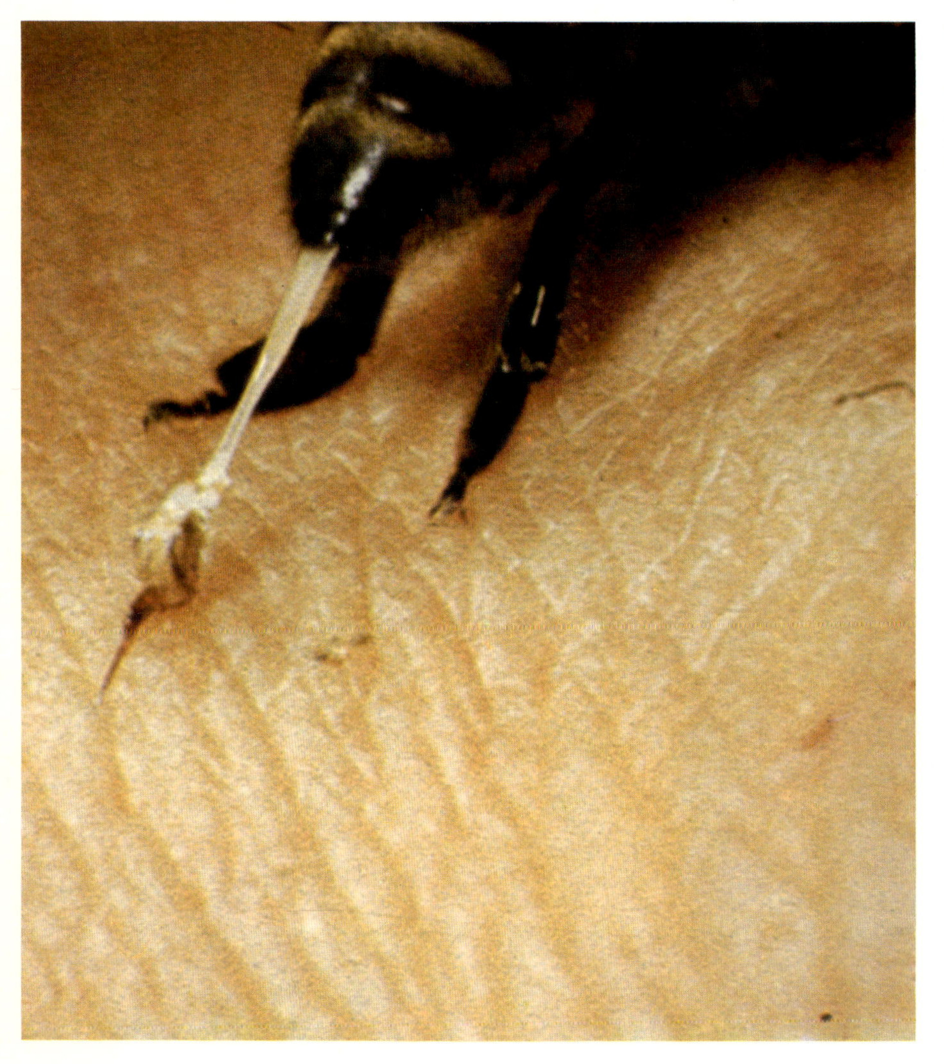

Stachel

Widerhaken an den Stechborsten der Biene reißen ihr den gesamten Stachelapparat aus dem Leib.

Die Borsten arbeiten s selbsttätig in die Haut u pumpen die Giftblase le zum Tode führen. Es gibt Menschen, die vertragen nicht einen Bienenstich, und es gibt Imker, die verdauen fünfzig noch, ohne dabei auch nur die Pfeife aus dem Mund zu nehmen. Jedenfalls sagen sie das. Doch ich habe sie im Verdacht, daß sie, da sie die Mechanik des Bienenstichs kennen, es nicht in jedem Fall zur selbsttätigen Entleerung der Giftblase kommen lassen. Wer beherzt zufaßt, erleidet selten mehr als eine brennende Hautwunde, in der nur die Widerhaken der Stechborsten verbleiben, die später herausschwären. Weise Pessimisten unter den Imkern gar binden sich, bevor sie mit Schleier, Hut und Handschuhen zu einer stechlustigen Bienenrasse gehen, der zyprischen etwa, auch die Hosenbeine noch zu.

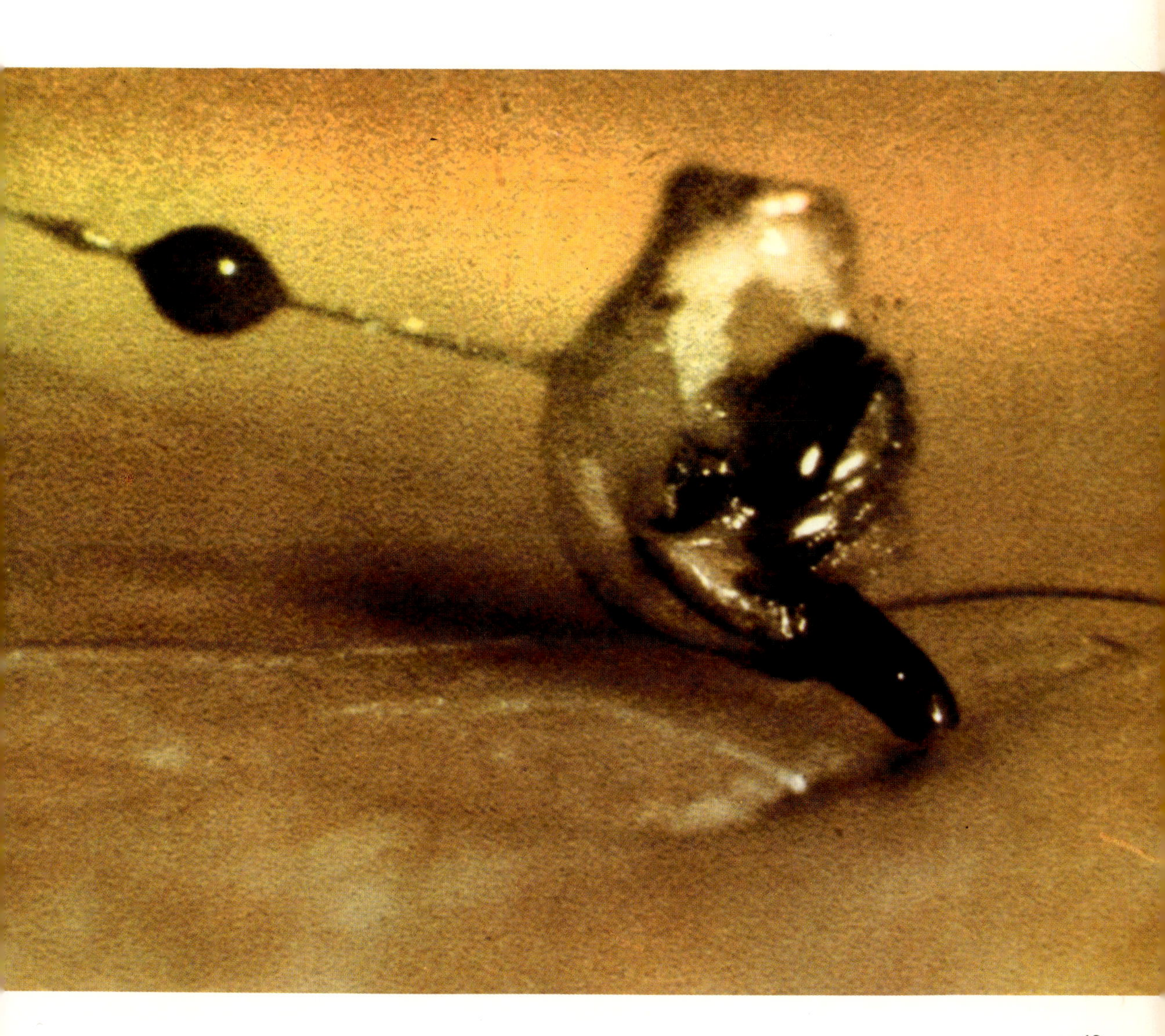

Wächterbienen

Vom zehnten Tag ihres Lebens an ziehen einige Bienen auch auf Wache vor dem Flugloch.

Wer passieren will, wird visitiert, insbesondere dann, wenn sein Geruch nicht mit dem spezifischen Duft des Stockes übereinstimmt.

Kam der Eindringling räuberischer Absicht, wie im Spätsommer oft geschie wenn der Honig reif i dann wird er vertriebe

Nur wer etwas bringt, wie die dicke Biene mit den vollen Pollenhosen, darf unbeanstandet auch als Fremdling passieren: Pecunia non olet.

Fliegt gar eine Wespe vors Loch, ist die räuberische Absicht klar; es bedarf keiner Riechvisitation. Die Wächterbienen greifen sie sofort an.

Sie erhalten aus dem Stock Hilfe, denn die Aufregung ist weithin zu hören. Die Bienen machen auch von ihrem Giftstachel Gebrauch.

Das Gift lähmt die Wesp
Die Bienen dagegen bleib
gesund – aus der Chitinha
der Insekten ziehen sie ihr
Stachel unbeschädigt herau
die Giftblase füllt sich wied

Die Wespe wird über den Rand des Flugbrettes gedrängt und stirbt am Fuß des Stockes.

Honig von blond bis braun

Man muß, glaube ich, niemandem sagen, daß die Trachtbienen vom Grunde der Blüten den zuckerwäßrigen Nektar und von den Enden der Blütenfäden den pudrigen eiweißhaltigen Pollen holen. Während die Bienen mit dem Nektar ihren Flugmotor betreiben, benötigen sie den Pollen zum Aufbau ihrer Körper. Das ist elementar, und ich brauche mich daran nicht als Hilfslehrer zu versuchen.

Nektar ist aber nicht gleich Honig. Die Bienen saugen ihn sich aus der Blüte mit dem Rüssel in den Magen, tragen ihn in den Stock und geben ihn an eine Heimwerkerin weiter, die ihn in einer Honigzelle deponiert. In diesem letzten Satz verbirgt sich der Stoff für zwei Bücher. Doch fürchten Sie nichts.

Dies freilich sollte man wissen: Der Honigmagen der Bienen, stecknadelkopfgroß, bewahrt Volkseigentum. An seinem Übergang zum Privatdarm sitzt ein Ventil, das die Biene bei Hungergefühl öffnen kann: Eine minimale Nektarmenge geht in den eigenen Kreislauf über; der Motor kann wieder schnurren. Den großen Rest aber schafft sie fliegend heim, um ihn im Stock wieder auszuwürgen. Großen Rest?

Dieser gemeinnützige Rest beträgt 50 mm^3. Er ist so geringfügig, daß 1500 Blütenbesuche auf dem Klee notwendig sind, um einen Honigmagen zu füllen. 20 000 Bienenflüge ergeben einen Liter Nektar. Ein Liter Nektar gibt aber nur 150 Gramm Honig her.

Honig ist von den Bienen für uns vorverdaute Nahrung. Noch während des Fluges zum Stock beginnen sie, modernen Fischereifahrzeugen darin gleichend, die Verarbeitung der Beute. Sie entziehen dem Nektar das erste Wasser und transportieren es via Kotblase zurück ins Freie. Im Stock dann geht die Entwässerung weiter. Indem die Ventilatorbienen Luft über die Zellen streichen lassen, entziehen sie dem Inhalt Wasser.

Das ist das eine. Aber neben dieser Entwässerungskur erfährt derIoniggrundstoff Nektar noch eine Fermentierung. Er wandert aus der Zelle oftmals zurück in den Honigmagen einer Stockbiene, reichert sich im Schlunddurchgang mit körpereigenen Stoffen an, die seine Reifung fördern, und wird in eine andere Zelle verlagert. Ist er reif, bekommt die Zelle von den Bienen ein Wachsdeckelchen. Der Imker weiß: Es ist soweit. Er entnimmt die Honigwaben dem Stock, entdeckelt sie mit einem Spezialmesser und schleudert den Honig in rotierenden Maschinen mit Hilfe der nach außen wirkenden Zentrifugalkraft heraus.

Der Honigtropfen, der uns dann vom schiefgehaltenen Brot rinnt, ging durch Hunderte von Bienenkörpern, in denen sich der Rohrzucker des Nektars zu leicht verdaulichem Frucht- und Traubenzucker wandelte. So kann Honig ohne unsere Darmarbeit in den Blutkreislauf übergehen. Er reinigt eiternde Wunden und verhütet Brandblasen. Er bewegt den einen die Seele und wird von anderen gegen Hämorrhoiden genommen.

Seine Farbe richtet sich nach der Herkunft: Blond von der Robinie, Braun von der Blattlaus, aus deren Ausscheidungen die Bienen, indem sie sie auflecken, wie aus Nektar Honig machen. Es ist der Tannenhonig, und seiner merkwürdigen, dem Verkauf nicht eben förderlichen Herkunft wegen sind die Schwarzwälder Imker selbst im Schatten ihres ehrwürdigen Freiburger Münsters, wo sie ihn an Markttagen feilbieten, jederzeit bereit, seinen lausigen Grundstoff durch fromme Lügen zu verschleiern.
Mir ist dieser zähe, aromatische Waldhonig der liebste. Seine Rohstofflieferanten, die *Lachniden* genannten, streng vegetarisch lebenden Baumläuse, sind die Kühe der Waldameisen und stehen unter ihrem Schutz, ganz wie das Nutzvieh im Stall des Menschen. Die Ameisen bewachen die Eigelege der Läuse, schützen die Nachkommen und bauen ihnen im Wurzelwerk der Waldbäume Kammern. Auch sah man schon, wie die Ameisen die Lachniden auf neue Freßplätze verfrachteten, nicht viel anders als die Bauern, die ihr Vieh auf neue Weideplätze bringen.
Die Honigtauabsonderungen dieser Baumschmarotzer sind beachtlich. Auf den 24 000 Blättern einer Linde fand man rechnerisch bis zu sieben Kilogramm Honigtau pro Tag. Zuweilen tropft der stark zuckerhaltige Saft geradezu von den Bäumen. Die Ameisen regen diese starken Ausscheidungen noch an, indem sie die Läuse liebevoll mit den Fühlern betrillern. Bis zu 4000 Liter Honigtau pro Hektar Waldfläche und Vegetationsperiode tragen sie dann von ihren Melkplätzen in ihre Nester.
Obwohl von den Ameisen nicht gern gelitten und nach Kräften vertrieben, holen sich die Bienen doch regelmäßig ihren Anteil an dieser leicht degoutanten Waldeslust. Doch ist der Waldhonigverkäufer jederzeit zu schwören bereit, daß allein die Blätter der Bäume den Honigtau produzieren.
Zwischen Robinien-Blond und Schwarzwald-Braun gibt es alle Schattierungen. Man kann die Blütenart, von der der Honig überwiegend stammt, unter dem Mikroskop leicht bestimmen. Immer enthält Honig auch feinste Spuren von Blütenstaub, den die Nektarsammlerinnen beim Hinabturnen in die Blüten mit ihren Körpern auflasen und in die Honigzellen einschleppten. Unter dem Mikroskop enthüllt der Pollen dann seiner charakteristischen Individualform wegen seine spezielle Blütenabkunft. Bienen sind ja blütenstet: Bietet sich ihnen von einer einzigen Baum- oder Pflanzenart ausreichend Nektar und Pollen, dann bleiben sie dabei. Als moralisches Beispiel für Wirtshaustreue sind die Bienen diskutabel.

Honigmachen

Vom Grunde der Blüten saugen die Bienen Nektar in den Sozialmagen. Nur wenig davon verbrauchen sie selber.

Die größere Menge tragen sie in den Stock ein und übergeben ihn durch Hervorwürgen den Hausbienen.

Beim Umlagern von Zelle zu Zelle wandert der Nektar, dem die Bienen durch Flügelvibrieren das Wasser entziehen, durch viele Bienenkörper.

Aus ihren Schlunddrüsen fügen sie ihm Fermente zu, die seine Reifung und Haltbarkeit fördern. Honig ist von den Bienen vorverdaute Nahrung.

Die gefüllte, verdeckelte Honigwabe, die keine Brut enthält, wird vom Imker entdeckelt.

Schleudermaschinen entleeren die Zellen. Nach einer Reinigung ist der Honig gebrauchsfähig. Man hat ausgerechnet, daß ein Kilogramm mehr als eine Million Mark kosten müßte, würden die Bienen ihrer Arbeit die Stundenlöhne unserer Handwerker zugrunde legen.

r Blütenstaub an den Enden der Blütenfäden ist der »Pollen« genannte Eiweißstoff der Bienen.

pudern sich, während sie die Blüte bekriechen, am ganzen Leib damit ein.

Während des Fluges transportieren sie den Blütenstaub durch ein sinnreiches Kamm-und-Bürsten-System der Beine in borstengesäumte seichte Vertiefungen an den äußeren Hinterbeinen. Dort hängt er ihnen in dicken Klumpen. Sie führen diese Verklumpung herbei, indem sie dem Blütenstaub etwas mitgebrachten Honig zusetzen.

Im Stock streifen sie den Pollen in eine leere Zelle ab.

Junge Arbeiterinnen eilen herbei und stampfen ihn mit dem Kopf in den Zellen fest. Er ist das Honigbrot der Bienen, mit dem sie über den Weg von Kopfdrüsen Brutmilch erzeugen.

Die Blumenkinder

Wer immer die physiologische, die Dinge beim Namen nennende Wahrheit in der geschlechtlichen Aufklärung unserer Kinder vermißt, versäumt selten den ironischen Hinweis auf das Liebesleben der Bienen, anhand dessen konservative Pädagogen die geschlechtliche Betätigung des Menschen angeblich zu verdeutlichen lieben. In diesem Vorwurf steckt der Glaube, die Bienen als Blumenkinder machten es auf eine undeutlich engelhafte, jedenfalls fleischarme Weise. Man gebraucht gern den Vergleich vom Spermien tragenden Weidenkätzchen am Zweig. Nichts ist der biologischen Wahrheit ferner. Der Geschlechtsakt von Königin und Drohn trägt, von sehr nahe und mit menschlichen Augen betrachtet, Züge von Obszönität, ja, Gewalttätigkeit.

Im Bienenstock ist Geschlechtliches zwischen Drohn und Königin tabu. Sie sitzen nebeneinander auf der Wabe wie Sohn und Mutter oder Bruder und Schwester, die sie ja auch sind. Sie fliegen aus und vereinigen sich mit stockfremden Partnern. An bestimmten Plätzen der Landschaft, die, wie die Brunftplätze von den Hirschen, über Jahre hinweg immer wieder aufgesucht werden, versammeln sich die Drohnen. Wind und Wetter beeinflussen die Höhe, in der sie anwarten; ich habe sie, vorzüglich nachmittags bei Sonnenschein, schon sowohl fünf als auch fünfundzwanzig Meter hoch als leidenschaftlich summende, orgiastisch zuckende kleine Wolke im Junihimmel gesehen. Sie stehen dabei oft mehrere Kilometer weit von ihrem eigenen Stock entfernt – eine Vorsorge der Natur gegen die Inzucht, die zu Störungen der Geschlechterregulierung durch die eierlegende Königin führen kann, wie uns im Film eine Amme vermutlich bewies, die eine falsch programmierte Made kurzerhand auffraß.

Die jungfräulichen Königinnen werden von diesen Brunftplätzen angezogen. Nehmen die Drohnen eine von ihnen wahr, stürzen sie in Rockermanier über sie her. Sie erkennen sie unschwer an ihrer Größe. Insbesondere aber macht sie ein Geruch rasend, den die Königin aus dem Mund verströmt. Der Amerikaner Norman Gary, ein noch jugendlicher Universitätsprofessor, mit dem ich mich während eines Bienenkongresses unterhalten konnte, erzählte mir, er habe Drohnen schon mit einem Holzröhrchen kopulieren lassen, dessen Öffnungsdurchmesser dem des (vor der Begattung aufklaffenden) Hinterleibs der Königin entsprach und mit ihrem Duft imprägniert war. Er hatte dieses *Dummy* an einem zwischen zwei Masten ausgespannten Nylonfaden gleitend aufgehängt. Doch hat er die Kopulation auch mit einer auf ähnliche Weise fixierten, lebenden Königin gefilmt, wobei die größte Schwierigkeit darin bestand, das von der Fesselung beeinträchtigte Tier zum Annehmen eines Drohns durch Öffnen der Stachelkammer zu bewegen. Gary löste dies Problem kurzerhand, indem er der Königin mit der gebotenen Vorsicht die Spitze des Unterleibs abzwickte, etwa so, wie ein Raucher seine Brasil präpariert. Seither ist der Hergang des Geschlechtsaktes genau bekannt.

Der Drohn, der sich zur Begattung anschickt, landet der Königin während des Flugs auf dem Rücken, krümmt sein Hinterleibsende abwärts, gegen die aufge-

sperrte Kloake der Königin, und führt seinen kompliziert gebauten, mehr einem schleimigen Eingeweideklumpen als einem erigierten Penis gleichenden, grotesk großen Geschlechtsapparat ein. Die Unruhe des Fluges und der sich in Heftigkeit äußernde starke Reproduktionstrieb machen eine sichere Verhängung der kopulierenden Tiere nötig, zumal sie zur Samenergießung ihre anfänglich dorsale Position zugunsten einer im Tierreich ganz ungewöhnlichen Stellung aufgeben: Der Drohn wirft sich, in der Haltung des Fängers einer Akrobatentruppe auf dem fliegenden Trapez, mit dem ganzen Körper rückwärts, Gesicht, Brust und Bauch dem Himmel wie unter einem Anfall der heiligen Krankheit zugekehrt. Während er ejakuliert, wird er am Penisschlauch, der in der Geschlechtsöffnung der Königin verspreizt ist, rücklings durch die Luft geschleift.
Nach wenigen Sekunden ist sein einziger Lebenszweck erfüllt. Er geht beim Drohn einher mit der geringsten Gehirnmenge aller Bienen und einer Spermienproduktion, die schon in der Madenzeit einsetzt. Das Tier stürzt, nachdem es seinen ungeheuren Vorrat von elf Millionen Samenfäden in die Königin entleert hat, sterbend zu Boden. Sie aber läßt sogleich oder erst auf späteren Flügen innerhalb einer dreiwöchigen Brunftzeit, andere Drohnen zu, im Durchschnitt sieben. Die wissenschaftliche Literatur nennt ein Maximum von siebzehn Geschlechtsakten mit ebenso vielen Partnern, deren ungeheure Samenmengen – in diesem Falle 180 Millionen Spermien – von der Königin zum allergrößten Teil wieder ausgestoßen werden: fünf bis sieben Millionen Samenfäden reichen ihr für ihre drei- bis höchstens vierjährige Legezeit hin.
In den Stock zurückgekehrt, den sie bis zur Schwarmzeit im nächsten Jahr nicht mehr verlassen wird, sticht sie – so ist man versucht zu sagen – mit dem arroganten Mehrwertgefühl, das verheiratete Weiber nicht selten ledigen gegenüber empfinden, inzwischen geschlüpfte Jungköniginnen ab.
Von engelhafter Reinheit in geschlechtlichen Dingen sind auch die Bienen nur, wenn es um den Sex anderer Leute geht: wenn sie den Blütenpflanzen Kupplerdienste leisten, indem sie den weiblichen Narben männlichen Blütenstaub zuführen. Dies Geschäft der Bestäubung war ursprünglich Sache des Windes. Aber wie das mit dem Wind so ist – man kann sich nicht auf ihn verlassen. Die Paläobiologen meinen deshalb, daß die Blütenbildung der Angiospermen eine symbiotische, eine auf Gemeinsamkeit ausgerichtete Anpassung an die nektarschlürfenden Insekten ist, sind sie doch beide – Blütenpflanzen und staatenbildende Honigbienen – erdgeschichtlich gesehen Spät- und Parallelentwickler, keine 100 Millionen Jahre alt.
Jedermann weiß, wie die Bestäubung vor sich geht; da kann ich mich kurz fassen: Die Biene pudert sich, indem sie in den Blütenkelch eindringt, ohne Absicht mit dem männlichen Pollen ein und streift ihn an den weiblichen Geschlechtsteilen auf dem Blütengrund, wo sie den Nektar findet, ebenso absichtslos ab. Da die blütenstete Biene von ihren Besuchen auf anderen Gewächsen derselben Art auch deren Pollen am Leib hat, ist sie zugleich ein Werkzeug gegen die pflanzliche Inzucht der Selbstbestäubung einiger Blüten

durch Ausschüttung eigenen männlichen Pollens auf die eigene weibliche Blütennarbe. Manche Pflanzen bedürfen geradezu des Bienenbesuchs, wenn sie Frucht tragen sollen. Man hat einmal den Ast eines Birnbaums mit Gaze vor den Bienen geschützt, während man einen anderen nebendran, der ebenso viele Blüten trug, freiließ. Der von Bienen angeflogene Ast trug zur Fruchtzeit 33 Birnen, der von ihnen ferngehaltene nicht eine.

Die Biene als biologische Gärtnerin ist der Biene als Honiglieferantin wirtschaftlich um das Zehnfache überlegen. Ihr Nutzen wird im Obstbau der Bundesrepublik auf 900 Millionen Mark jährlich geschätzt. Dieser Obstbau käme ohne die Bienen zum Erliegen. Im Alten Land bei Hamburg zahlen die Obstbauern jedem Imker, der mit seinen Völkern zu ihnen einwandert, erhebliche Prämien. 10 000 Bienenvölker bescheren dem Alten Land jährlich über 80 000 Zentner Kirschen, deren Ernte bei Kriegsende, als nur wenige Bienenvölker dort zu Gast waren, auf weniger als 26 000 Zentner abgesunken war. Auf ein dramatisches Beispiel aus Nordamerika machte mich Professor Gary aufmerksam, und ich fand es bei Chauvin bestätigt und beschrieben:

Wenn man versucht, ein scharfes spitzes Objekt, einen Bleistift etwa, in die Blüte der Luzerne einzuführen, dann wird man das merkwürdige Phänomen beobachten, das die Amerikaner *tripping* nennen: Auslösung (einer Falle etwa). Wie von einer Feder geschnellt, springt der Stift, der den Stempel und die Staubgefäße trägt, plötzlich aus der Mitte der Blütenblätter und stößt gegen den Bleistift.

Wenn eine Biene in der Luzerne auf Beute ausgeht, geschieht dasselbe, und man könnte beinahe sagen, sie erhält einen Kinnhaken, wenn sie ein Kinn hätte. Die Bienen scheinen von diesem Trick unangenehm berührt zu sein, denn sie holen sich ohne Begeisterung, oder überhaupt nicht, ihr Futter aus der Luzerne. Das ist eine sehr ernste Sache, weil die Luzerne sich nicht selber befruchten kann.

Man hat deshalb versucht, die Bestäubung der Luzerne durch verschiedene Kunstgriffe zu verbessern. Dies ist der Versuch, der uns hier interessiert: Man überschwemmte ein Luzernenfeld mit Bienen. Das läßt sich in Nordamerika leicht machen, weil dort die Luzernenfelder riesig groß sind und im weiten Umkreis beinahe die einzige Futterquelle für die Bienen darstellen. Werden nun hundert Bienenkörbe in ein Feld gestellt, das kaum fünfzig versorgen kann, dann ist der Honigertrag offensichtlich gleich Null. Doch spielt das keine Rolle: Spezialverträge entschädigen den Imker für den Verlust an Honig.

Diese Methode war so erfolgreich, daß sie zur Entstehung einer richtigen Bestäubungsindustrie geführt hat, in der die Bienen die Arbeiter sind. Lastwagen, mit Hunderten von Bienenkörben beladen, rollen quer durch die Vereinigten Staaten, von Farmern und Obstzüchtern sehnlichst erwartet.

Verglichen mit dieser Industrialisierung der Biene nimmt sich der Gebrauch, den sie selber vom Blütenstaub macht, bescheiden aus. Auf der Blüte befeuchtet sie den Pollen mit etwas mitgebrachtem Honig, damit er transportabel klumpt. Dann stopft sie ihn sich wahrhaftig in die Hosentaschen – borstengerahmte längliche Vertiefungen an den Außenseiten der Hinterbeine.

Pollen, den sie in den Körperhaaren trägt, schafft die Biene sich während des Flugs, wenn sie die Beine frei hat, mit ihnen nach dem Prinzip von Kamm und Bürste in diese Beintaschen – sie *höselt,* sagt der Imker. Und mit dicken Klumpen an den Beinen, die weithin in der jeweiligen Farbe des Pollens leuchten, kehrt sie heim. Ein freies Zellendepot am Außenrand des Brutzentrums der Wabe nimmt die Ladung auf. Eine jugendliche Stockbiene eilt herbei und stampft den Pollen mit dem Kopf fest. Durch Honig haltbar gemacht, ist er das Brot der Bienen.
Ein glaubwürdiger Sägewerkbesitzer erzählte mir eine phantastische Geschichte: Wenn es draußen regne oder kühl sei, dann suchten Bienen öfters in seinen Hallen Zuflucht, und er habe sie dabei beobachtet, wie sie sich die Hosentaschen mit Sägemehl füllten, um sich damit schließlich in Richtung Stock auf den Holzweg zu machen.

Blütenweiß – ein blaues Wunder

Eine Biene hat an jeder Kopfseite 5000 Augen und sieht dennoch mit allen 10 000 hundertmal schwächer als der Mensch. 5000 Sehstäbchen zu je einem Auge wie Pfeile im Köcher gebündelt, unten enger angeordnet als oben, zerlegen die dingliche Welt in Facetten, stanzen 10 000 Punktbilder aus dem beiderseitigen Gesichtsfeld der Biene heraus und setzen sie im Gehirn wieder zu einem Rasterbild zusammen. Wer gesenkten Blicks über die Welt der Bodenmosaiken in San Vitale bei Ravenna oder im Markusdom von Venedig spaziert, der empfängt eine Vorstellung davon, wie Bienen sehen.
Es fällt ihnen schwer, den für den Nulltarif demonstrierenden roten Punkt an den Windschutzscheiben von Studentenautos wahrzunehmen; dagegen haben sie mit dem stark gegliederten Kreismuster einer Schießscheibe keine Schwierigkeiten. Den Einser auf dem Würfel erkennen sie schlechter als den Fünfer. Geradezu magisch angezogen aber werden diese sechsbeinigen Hippies von den formenreichen Pop-Symbolen ihrer zweibeinigen Gesinnungsgenossen; ihre stilisierten Sonnen und Blumen sind eine wahre Bienenaugenweide.
Im Fliegen, während die Landschaft wie ein Filmband unter ihnen hinwegzieht, sehen sie besser als im Sitzen. Bewegtes kommt schärfer bei ihnen an als Unbewegtes. Während dem Menschenauge schon 22 Filmbilder in der Minute zum Bewegungssehen genügen, braucht das Bienenauge in der gleichen Zeit mehr als 200, wenn die Szene nicht flimmern soll. Doch sieht das Facettenauge Farben so ähnlich wie unser fotografisch konstruiertes, mit einem bedeutenden Unterschied: Bienen sind rotblind. Rot erscheint ihnen schwarz. Dafür sehen sie eine Farbe, die uns nur rechnerisch zugänglich ist – Ultraviolett. Das Bienenspektrum ist weg vom langwelligen Rot nach der kurzwelligen Seite hin verschoben.

Das erklärt, warum die Biene dennoch von der Mohnblüte angezogen wird: Das Rot ihrer Blütenblätter reflektiert die Lichtstrahlen ultraviolett. Und Weiß sehen die Bienen aus ähnlichem Grund blau bis grün. Für uns unsichtbar, doch nicht so für die Biene, filtert die weiße Blüte den kurzwelligen UV-Anteil des Sonnenlichts heraus. Die weiße Blütenwolke eines Apfelbaums erlebt die Biene als ein blaues Wunder.

Keineswegs zur Freude des Menschen, sagt Karl von Frisch, der das Farbensehen der Biene erforschte, seien die bunten Blumen da. Ihre Farben sind entwicklungsgeschichtliche Anpassungen an die Vermehrungshelferin Biene, Signale, unseren Wirtshausschildern vergleichbar; und die Zeche für Pollenspeis und Nektartrank bezahlen die Bienen der Wirtin mit platonischen Kupplerdiensten zwischen den männlichen und weiblichen Geschlechtsteilen. Folgerichtig kommt reines Rot, für das ein Bienenauge unempfindlich ist, als Blütenfarbe bei uns nur wenig vor, und wo es, wie in den Tropen, häufig ist, da fällt die Rolle des Bestäubers den Nektar suchenden Kolibris zu. Vogelaugen sehen Rot.

Polarisierung ist ein Modewort der Politik geworden: Die Meinungen schwingen nicht mehr vielfältig im parlamentarischen Raum, sondern in einer gerichteten Ebene zwischen den beiden Polen Rechts und Links hin und her. Der Mensch, der als Plakatwand polarisiertes politisches Gedankengut reflektiert, ist in seiner Weltanschauung leicht deutbar. Am Himmelsblau, das polarisiertes, in einer Ebene statt in alle Richtungen schwingendes Sonnenlicht reflektiert, ist der Standort der Sonne leicht ablesbar – vorausgesetzt, man kann polarisiertes Licht sehen. Wir sehen es nicht. Die Biene sieht es.

Während sich uns das wolkenlose Himmelsblau musterlos darbietet, wie ein Vielparteienstaat, in dem sich für den Beobachter die geistigen Strömungen konturenlos ineinander mischen, nimmt das Bienenauge am blauen Himmel gerichtete Polarisationsmuster wahr. Ein winziges blaues Loch in einer geschlossenen Wolkendecke genügt ihr, um an der für sie sichtbaren Schwingungsebene des auf die Erde reflektierten Sonnenlichts Sicherheit über den Standort der Sonne und damit über ihre eigene Position im Raum zu gewinnen: Die Biene navigiert nach der Sonne.

Mit zwei lapidaren Sätzen schrieb Karl von Frisch das Wunder auf: »Das Elektronenmikroskop enthüllt bei 25 000facher Vergrößerung im Innern der einzelnen Sehstäbchen des Facettenauges eine Feinstruktur von unerhörter Regelmäßigkeit: untereinander genau parallele Röhrchen, die quer zur Richtung des durchgehenden Lichts gestellt sind. So wird verständlich, daß in den einzelnen Sinneszellen, je nach der Ausrichtung der Röhrchen, bestimmte Schwingungsrichtungen des Lichts bevorzugt zur Wirkung kommen.«

Bienenauge

Jedes Facettenauge der Biene besteht aus 5000 Einzelaugen in Form von Sehkeilen. Die gefelderte Augenoberfläche entspricht der Hornhaut des menschlichen Auges und besteht aus Chitin. An den Fühlerenden sitzen die Riechorgane, mit deren Hilfe die Biene plastisch riechen kann: eine große Hilfe bei den komplizierten Arbeiten im dunklen Stock. Der lange braune Saugrüssel gestattet ein tiefes Eindringen in nektarhaltige Blütengänge.

Ein Staat, der bei Rot schwarz sieht

Die sechs oder acht Tage alte Biene, die man aus dem Stock herausnimmt und nur fünfzig Meter davon aussetzt, findet nicht mehr nach Hause. Man zwang sie auf diese Weise, einen wichtigen Lebensabschnitt zu überspringen: das Erkundungsfliegen, das am zehnten Lebenstag einsetzt. Während kurzer Ausflüge, die bis zu sechs Minuten dauern, prägt sie sich die Bilder der Stockumgebung ein. Sie durchfliegt in zwei Minuten einen Kilometer; da kommt man hübsch weit herum. Es interessieren Landmarken ebenso wie Form und Lage des eigenen Stockes, vor allem aber seine Farbe, die der Imker ihm durch Anstrich der Vorderfront gab. Diese Orientierung der Bienen nach Farben gehört heute im Jargon der akademischen Imker zum *Know-how*, zum *Gewußt wie*. Das war nicht immer so.

1927, als Karl von Frisch zum erstenmal sein berühmtes Buch *Aus dem Leben der Bienen* veröffentlichte, schrieb er im Vorwort dazu: »Wenn die Naturforschung allzu scharfe Gläser aufsetzt, um einfache Dinge zu ergründen, dann kann es passieren, daß sie vor lauter Apparaten die Natur nicht mehr sieht. So ist es vor nun bald zwanzig Jahren einem hochverdienten Gelehrten ergangen, als er in seinem Laboratorium den Farbensinn der Tiere studierte und zu der felsenfesten und scheinbar wohlbegründeten Überzeugung kam, die Bienen wären farbenblind. Dies gab mir den ersten Anlaß, mich näher mit ihrem Leben zu beschäftigen. Denn wer die Beziehungen der Bienen zu den farbenprächtigen Blumen aus der Beobachtung im Freien kennt, der mochte eher an einen Trugschluß des Naturforschers als an einen Widersinn der Natur glauben.«

Er gab's dem Herren Kollegen dann gleich richtig: Zur Farbtüchtigkeit der Bienen erforschte er in einem wissenschaftlichen Aufwasch auch gleich noch ihren Geruchssinn, den er nach Quantität und Leistung dem des Menschen verwandt fand, und vor allem: Er entschlüsselte, in der Hauptsache nach dem letzten Krieg, die Sprache der Bienen, die uns noch beschäftigen wird. Doch dauerte es, wie üblich, ein Weilchen, bis sich die Praktiker dem Gelehrten beugten. Noch 1921 waren die Bienenstöcke der Mönche vom oberbayerischen Kloster St. Ottilien nicht farbig markiert. Die imkernden Väter lieferten, wohl ohne es zu wissen oder gar zu wollen, dem Professor aus München den statistischen Beweis für seine Lehre vom Farbensehen der Bienen, indem sie vom Jahre 1920 an gewissenhaft Buch führten über das Wohl und Wehe der Königinnen ihrer Völker. 1920 und 1921 gingen ihnen von 21 jungen Königinnen, die zur Hochzeit ausgeflogen waren, 16 verloren. Sie hatten sich heimkehrend, voll des süßen Samens, ganz offensichtlich in fremde Stöcke verirrt, wo sie als thronräuberische Usurpatoren rasch den Tod unter den Stacheln der Wächterbienen fanden. Als die Stöcke von St. Ottilien dann in einer dem Farbensinn der Bienen entsprechenden Weise angemalt wurden, wiesen die Klosterbücher in den folgenden fünf Jahren nur noch drei verlorengegangene Königinnen aus – von 42 zur Begattung ausgeflogenen!

Karl von Frisch führte den denkbar einfachsten Beweis für seine während des Ersten Weltkrieges gefundene neue Lehre. Er machte durch simples Umdrehen von Frontplatten, die auf der einen Seite blau, auf der anderen gelb angestrichen waren, zwei aneinanderstoßende, identische Bienenhäuser verwechselbar. Hatten die Tiere sich an den blauen Stock gewöhnt, drehte er dessen Frontplatte um, so daß sie nun gelb leuchtete; ebenso verfuhr er mit der Frontplatte am Nachbarstock: seine Farbe wechselte von Gelb auf Blau. Die heimkehrenden Bienen stürzten sich in hellen Scharen in den Stock, der die ihnen vertraute blaue Farbe trug, aber leer war. Der Professor hatte nur darauf zu achten, daß Haus Blau wieder wie vor dem Tausch links von Haus Gelb stand, weil Bienen auf solche Raumbezüge sehr achten. Das war jedoch leicht zu machen, weil die beiden farbigen Häuser inmitten einer Reihe weißer, allesamt leerer Bienenkästen standen.

Heute lernen Imker nach Karl von Frisch: Für Bienen gut unterscheidbar sind die Farben Blau, Gelb, Schwarz und Weiß, doch müssen zwischen zwei gleichfarbigen Bienenhäusern einer Kastenreihe mindestens zwei andersfarbige stehen. Auch dürfen sich die Farben der linken und rechten Nachbarstöcke nicht in gleicher Anordnung wiederholen, denn die heimkehrende Biene wirft immer auch zur Orientierung ein Auge auf die Nachbarhäuser. Insbesondere aber dürfen Schwarz und Rot niemals aneinanderstoßen: für das Bienenauge ist zwischen beiden kein Unterschied sichtbar.

Ist aber der Imker ein nur profitgieriger Hauswirt, der seine Mieter zwar ausbeutet, den Anstrich der Häuser aber verkommen läßt, dann treten die Bienen vors Haus, richten ihren Unterleib wie eine kleine Kanone gegen den Himmel, fahren eine Duftdrüse aus und fächeln die austretenden Geruchsmoleküle mit den Flügeln in die Luft, hinauf zu den in der Luft unschlüssig anwartenden Stockgenossen: »Hierher!«

Man ist sich über den Wert dieses Sterzelns, wie der Imker den Vorgang wegen der Beteiligung des Hinterleibs an ihm nennt, vor dem Stock nicht recht im klaren. Da die Duftdrüsen nur allgemeinen Bienengeruch, nicht aber einen spezifischen Stockgeruch absondern, ist das Sterzeln als Landehilfe in schwierigen Situationen wohl nur mehr ein Atavismus aus einer Zeit, als die Bienenvölker noch vereinzelt im Wald hausten, statt, wie heute, Volk an Volk in seelenlosen Mietskasernen.

Königin-Zucht

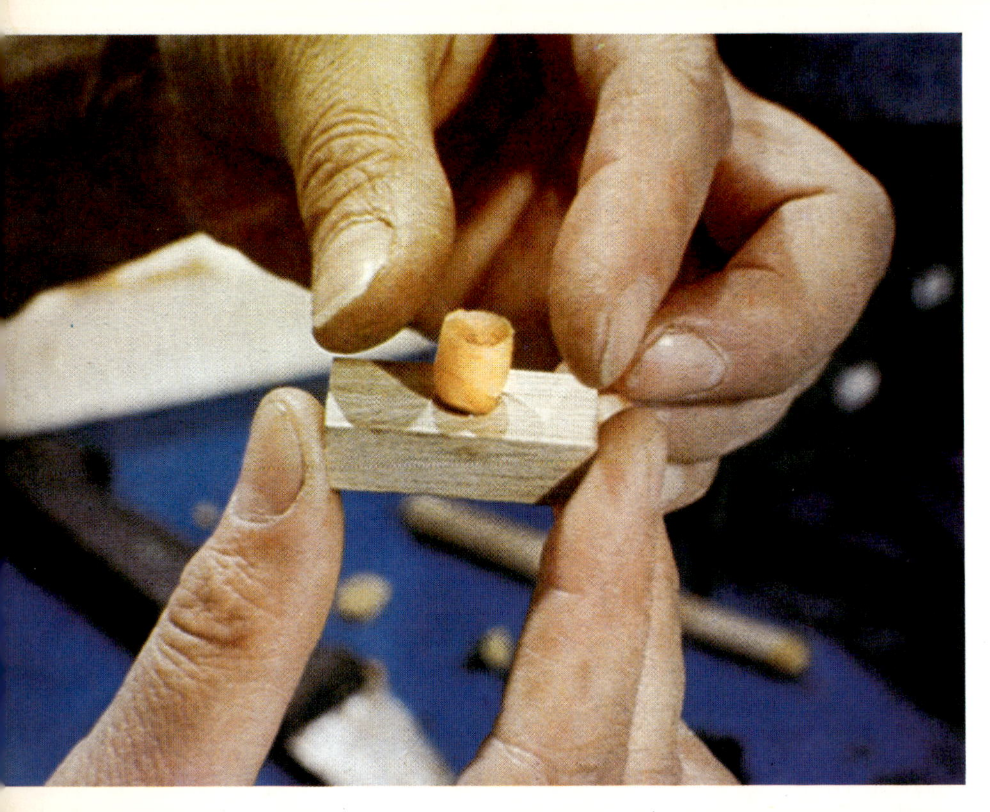

Die moderne, wissenschaftliche Imkerei hat die Bienenzucht den Bienen weitgehend aus der Hand genommen. Insbesonders leistungsfähige Königinnen macht man sich selber. Es wird ein künstlicher Weiselnapf vorbereitet.

Aus einer normalen Brutwabe entnimmt man Maden, die genau drei Tage aus dem Ei heraus sind. Zu diesem Zeitpunkt verändern die Bienenammen die Futterdiät: Maden, die zu Arbeiterinnen heranwachsen sollen, erhalten anders zusammengesetztes Futter als Maden, die zu Königinnen bestimmt sind. Auf diesem chemisch komplizierten Speisezettel basiert der Zuchttrick der modernen Imkerei.

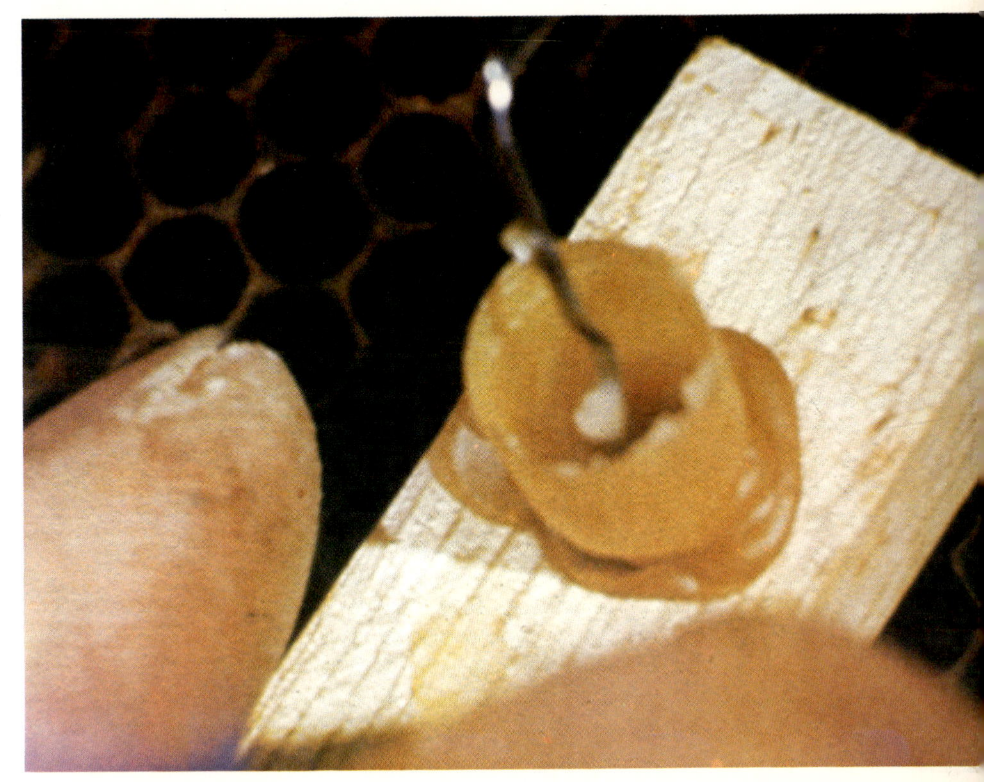

Die drei Tage alte Made wird von Menschenhand in den künstlichen Weiselnapf gesetzt, dessen Größe den Fütterbienen Königinnendiät abfordert.

Man füllt einen ganzen Wabenrahmen mit diesen Kunst-Wiegen, und die Ammen eines ausgewählten Volkes bauen dann die von Menschenhand stammenden Wiegen zu kunstvollen Weiselnäpfen nach Art des Hauses aus und ziehen die Maden darin zu Königinnen heran.

Einige Zeit vor dem Schlupftermin muß man diesen Rahmen jedoch wieder aus dem Stock herausholen.

Die einzelnen Wiegen werden nur mit Gittern voneinander getrennt, deren Öffnungsbreiten zwar noch die Pflegebienen hindurchlassen, nicht aber mehr die größeren Königinnen. Der Grund dafür ist die Unverträglichkeit von mehreren Königinnen in einem Volk: Sie würden sich, säßen sie nicht in Einzelhaft, gegenseitig abstechen, wenn sie am zwölften Tag nach der Kindsvertauschung schlüpfen.

Vorspiel auf dem Tanztheater

»Ich brauche«, sagte Albrecht Müller, der Tonmacher unseres Bienenfilm-Teams, »die Töne von an- und abfliegenden Bienen, passend zu euren Großaufnahmen von Nektarsammlerinnen auf Blüten.« Ich machte ein gelassenes Gesicht. »Sicher«, sagte ich, als hätte er mich gefragt, ob ich Feuer für ihn hätte. Albrecht Müller schaute mich zweifelnd an. »Ich brauche dazu aber eine Biene, die genau auf dem Mikrophon landet«, sagte er.
»Sicher«, sagte ich.
»Und das nicht nur einmal«, sagte er.
»Sicher. Wenn Sie Ihr Mikro schon mal aufbauen, ich komme gleich wieder. Aber gehen Sie auf keinen Fall weiter als fünfzig Meter von unserem Stock weg!«
Ich kam wieder mit einer am Flugloch unseres Filmstocks weggefangenen Biene in einem Glasröhrchen; ferner mit einer Pipette voll schwach verdünntem Honig. Am Finger trug ich den starken Geruch von Pfefferminzöl. Damit legte ich eine Duftspur aufs Mikrophon, denn diese technische Chromblüte duftete ja nicht, und ohne Duft ist mit Bienen nicht zu reden. Ich aber wollte mit ihnen reden: »Hierher, aufs Müllersche Mikro!« Nun noch einen Tropfen Honig aus der Pipette auf den Mikrophonscheitel, und dann das Röhrchen entkorkt und mit der Öffnung an den Tropfen gehalten: Die Biene trippelte heraus und setzte sich ohne Umstände auf Müllers Mikrophon zu Tisch.
»Ich brauche sie aber anfliegend«, sagte er.
»Sicher«, sagte ich. »Alles, was Sie wollen. Sie werden gleich bedient.« Die Biene flog ab. Müller knipste sein Tonbandgerät aus und streifte die Kopfhörer ab. Seine Mimik sprach überdeutlich: Ich hab's ja gewußt...
»Nicht doch«, sagte ich. »Lassen Sie den Kasten laufen. Es kommen gleich ein paar neue Bienen.«
Albrecht Müller war Kummer mit mir gewöhnt: Morgens um halb drei auf Rehböcke, die dann nicht kamen. Abends um acht in einen Kuhstall für eine Sache, die dann aus dem Film herausgeschnitten wurde. Aber wenn es, wieder für den Rinderfilm, ins schöne Spanien ging, zu den andalusischen Kampfstieren mit Badegelegenheit, dann machte ich mir meinen – zugegeben schlechten – Ton selber. Albrecht Müller mußte zu Hause bleiben, wegen der Kosten. Und nun diese Dressurnarretei mit Bienen! Er gedachte gewiß der guten alten Zeit, als er noch Autorennen aufnahm: Hockenheim, wo ein Ton ein Ton war wie von Beethoven, statt Hohenheim, wo es seit Wochen nichts gab als dieses ätherische Gefurze der Immen. Lustlos schaltete er seinen Kasten wieder auf Betrieb, und da setzte die erste Biene auch schon zur Landung an. Vier, fünf weitere warteten ungeduldig im Luftraum darüber, wie die Jets über Frankfurt Rhein-Main, wenn die Fluglotsen mit dem Vorschriftenbuch unter dem Arm ihren Dienst versehen. So gierig waren die Bienen auf unsere Honig seimende Mikrophonblüte, daß ich mit der Pipette nachträufeln konnte, ohne daß sich die daneben sitzende, saugende Biene stören ließ. »Guter Ton«, sagte Albrecht

Müller anerkennend. »Möchte wissen, woher die Bienen wissen, daß es bei mir was zu holen gibt?«
»Die erste, die ich vorhin im Röhrchen brachte, hat es ihnen zu Hause im Stock erzählt«, sagte ich.
»Und das mit vollem Mund«, spottete Müller.
»Mit dem Tanzbein«, sagte ich.

Rondo

Still sitzt die heimgekehrte Biene auf der Wabe. Sie erbricht sich. Vor ihrem Mund erscheint ein Tropfen meines Pipettenhonigs. Um sie herum wimmeln die Bienen. Die nächststehenden bedienen sich am Mund der Heimkehrerin, die plötzlich, ohne Rücksicht auf das Leibergewimmel um sie herum, zu tanzen beginnt, in rasenden, verzückten kleinen Kreisen, einmal rechts herum, einmal links herum. Das Volk dicht bei verhält in seiner Geschäftigkeit, weicht zur Seite oder läßt sich anstecken von der Veitsverzückung, wie die Granadatouristen vom Kastagnetten-Wirbel einer Flamenco tanzenden Zigeunerin: Ein paar Gleichgestimmte hängen sich an ihre Fersen, suchen körperlichen Kontakt mit der Tänzerin und rasen ihr hinterdrein – einmal links herum, einmal rechts herum, immer im Kreis. Das ist der *Rundtanz,* die einfachste Sprache der Bienen. Der hervorgewürgte Honigtropfen signalisiert dem Volk eine Nahrungsquelle, der Kreisbogen des Tanzes symbolisiert den Raum, in dem sie sich befindet: im Um*kreis* des Stockes. Und die einfache Tanzfigur, die noch ganz frei ist von Schnörkeln, bezeichnet den engen Radius dieses Umkreises. Er wurde von der Wissenschaft als maximal sechzig Meter ermittelt. Da ist eine exaktere Richtungsweisung entbehrlich.
Das Imkerwort *stockdunkel* ist in unsere Sprache eingegangen als die Bezeichnung für absolute Finsternis. Wie also deuten die Bienen den Tanz der Heimkehrerin, wenn sie ihn nicht sehen können? Sie nehmen seine figürliche Botschaft auf, indem sie sich von der Tänzerin körperlich mitreißen lassen. Und während der Berührung erfahren sie den Namen des neuen Wirtshauses: *Zur Pfefferminzblüte.* Die Tänzerin parfümierte sich mit diesem Duft, den ich zuvor dem Mikrophon mitgeteilt hatte, während sie den Honig einsaugte. Die Geruchsorgane an den Fühlerenden der Mittänzerinnen prägen ihn dem Gedächtnis ein, und auf diese Weise informiert, starten sie zum Stock hinaus. Sie haben denn auch, wie man weiß, Albrecht Müller rasch gefunden. Obwohl er damals pro Tag 40 Zigaretten rauchte.
Zur höheren Kunstform des figurenreichen und daher informativeren *Schwänzeltanzes* führt die Zwischenstufe des *Sicheltanzes:* Die Biene rast auf der Wabe in der Form einer Mondsichel umher, deren Öffnung in die Richtung weist, in der die Bienen suchen sollen. Die Tänzerinnen benutzen diese Figur,

wenn die Entfernung zur neuen Futterquelle mit dem Rundtanz nicht mehr ausgedrückt werden kann, also sechzig Meter übersteigt, andererseits aber die Hundertmetergrenze noch nicht erreicht ist, bei der der Schwänzeltanz einsetzt.

Menuett

Bienen suchen ihre Nahrung im Umkreis von mehreren Kilometern. Schon ein Kreis mit einem Radius von nur einem Kilometer ist durch zielloses Absuchen nicht mehr bienengerecht auszubeuten: Das Verpanschen unterschiedlichster Nektarsorten ist nicht Sache der blütensteten Bienen. Die Sammelbienen brauchen also zwei ganz präzise Informationen von der Tänzerin: In welcher Himmelsrichtung? Und: Wie weit?

Der schlichte Rundtanz wird über die anspruchsvollere Figur des Sicheltanzes zum nachrichtenreichen Schwänzeltanz. Die Nachrichtentänzerin durchschwänzelt mehrfach mit pendelartig ausschlagendem Hinterleib *eine gerade Strecke*, die die Nahtlinie zweier Halbkreise darstellt (eine Art von fetter, zusammengedrückter Acht, auf deren Außenlinien die Tänzerin aber nur Anlauf nimmt zur Schwänzelgeraden über den Mittelsteg der Tanzfigur Acht). Die Richtung dieser kompaßnadelartigen Geraden bezeichnet die Richtung, in der die neue Futterquelle zu suchen ist. Anzahl und Zeitdauer der Hinterleibsausschläge sagen etwas aus über die Entfernung der Futterquelle vom Stock. In diesen letzten drei Sätzen liegt das Wunder eines im Tierreich einzigartigen Kommunikationssystems von buchfüllender Nuanciertheit beschlossen. Ich muß mich auf Fundamentales beschränken.

Die Ausschläge einer Kompaßnadel wären wertlos, fehlte ihr der ruhende Pol Nord als Bezugspunkt. Der Bezugspunkt der Schwänzelgeraden ist die Sonne. Doch ist die Sonne im dunklen Stock als Bezugspunkt für die Informationssuchenden wiederum wertlos. An ihre Stelle tritt daher die Schwerkraft, für die, wie wir schon wissen, die Bienen feinste Sinnesorgane haben. *Auf der senkrecht im Stock hängenden Wabe wird der Standort der Sonne durch die Schwerkraftachse ersetzt.* Ein Schwänzeln in gerader Linie senkrecht nach oben signalisiert eine Flugrichtung vom Stock auf geradem Weg in Richtung Sonne; ein Schwänzeln senkrecht nach unten heißt auf geradem Weg von der Sonne fort. An irgendeinem Punkt auf der Verbindungslinie Stock–Sonne befindet sich die Nahrungsquelle.

Nun wachsen Bäume und Blumen nicht nur auf den Verbindungslinien zwischen Bienenstöcken und Sonne. Sie können sich in jedem beliebigen Winkel dazu befinden. Also tanzt die heimkehrende Informantin den Winkel, den sie auf dem Flug zur Futterquelle von der Linie Stock–Sonne abwich, in gleicher Gradzahl abweichend von der senkrecht verlaufenden Schwerkraftachse. Eine Schwänzelgerade, die, sagen wir, 45° von der Senkrechten nach oben rechts abweicht, bedeutet, daß man, fliegt man zum Stock hinaus, die Futterquelle im Winkel von

Indem eine Biene im dunklen Stock auf gerader Strecke einen bestimmten Winkel zur senkrechten Schwerkraftachse durchtanzt, fordert sie ihre Genossinnen auf, denselben Winkel draußen zur Sonne einzuhalten: auf einer solchen Linie vom Stock befindet sich eine ergiebige Nahrungsquelle. Der Hinterleib der Tänzerin schwänzelt mehr oder weniger erregt, mehr oder weniger schnell hin und her, und indem die Stockbienen Körperfühlung mit der Tänzerin halten, erfahren sie nicht nur die Richtung, sondern auch die mit der Schwänzelzeitdauer in genauer Beziehung stehende Entfernung zur Nahrungsquelle.

45° rechts von der Sonne zu suchen hat. Das Beispiel läßt sich um alle Positionen der Kompaßrose vermehren.

Man kann es noch einfacher sagen: Der Schwänzeltanz im dunklen, sonnenlosen Stock ist ein Symbolflug zur Futterquelle. Den Flugwinkel zur Sonnenachse funktioniert die tanzende Biene um in einen Flugwinkel zur Schwerkraftachse. Er teilt sich körperlich den Mittänzerinnen mit, während sie der Tanzenden dichtauf folgen. Danach treten sie vors Haus, peilen den Stand der Sonne und halten zu ihr den Flugwinkel ein, den sie im Stock als Winkel zur Schwerkraftachse mitgeteilt bekamen.

Nach einer Stunde tanzt die Biene erneut. Doch obwohl sie in der Zwischenzeit den Stock nicht verließ und auch die Futterquelle natürlich ihren Standort seither nicht veränderte, schwänzelt sie nun nicht mehr im Winkel von 45°, sondern von 60° zur Schwerkraftachse (sprich: Sonne). Um just um diesen Gradbetrag, um fünfzehn, wandert die Sonne in einer Stunde über den Horizont. Die Mittänzerinnen, die von der Tanzenden mit der um eine Stunde veralteten Meldung auf die Reise geschickt worden wären, hätten das Wirtshaus verfehlt. Die Zeitkorrektur besorgt die innere, vermutlich von Stoffwechselvorgängen gesteuerte Uhr der Bienen. Sie kompensiert auch die Zeit des Aufenthalts auf der Blüte, denn der Tanz der Heimgekehrten symbolisiert den Hinflug.

Das Kompliziertere ist den Bienen angeboren: das Navigieren. Das Einfachere müssen sie lernen: den Sonnenstand zu den Zeiten ihrer 24-Stunden-Uhr am heimatlichen Ort. Wäre diese innere Uhr unverrückbar fixiert auf den Sonnenlauf über einem einzigen geographischen Ort, dann brächen überall auf der Welt große Teile der Landwirtschaft vollends zusammen, denn die Bienen ließen sich dann nicht mehr mit Gewinn über Kontinente hinweg zur Bestäubung der Nutzpflanzen verfrachten.

Bei Sonne navigieren sie nach der Sonne. Bei bedecktem Himmel genügt ihnen ein kleines Wolkenloch, dessen Blau polarisiertes, den Sonnenstand bezeichnendes Licht reflektiert, das für ein Bienenauge sichtbar ist. Bei geschlossener Wolkendecke nehmen die UV-sichtigen Tiere die Sonne dennoch wahr. Ganz und gar versagt der Sonnenkompaß nur dann, wenn der zu tanzende Flugwinkel zu der über dem Stock genau im Zenit stehende Sonne weniger als 2,5° beträgt: Vom Südpol führt jeder Schritt, gleich in welche Richtung, nach Norden.

Man muß es umgekehrt sagen, wenn man die ungeheuerlich anmutende physiologische Präzision eines Augenfünftausendstels begreifen will, die wir zusammen mit einer sich nicht einmal dem Elektronenmikroskop enthüllenden

biologischen Uhr oft genug achtlos unter die Stiefel treten: Ein Winkelabstand von 2,5° vom Zenit der Sonnenbahn genügt den Bienen, um ihn im Stock tänzerisch-informativ darzustellen, denn dieser kleine Sektor entspricht dem Öffnungswinkel eines nach oben gerichteten Sehkeils im Facettenauge der Biene.

Bauchtanz

Der Unterleib der tanzenden Biene vermittelt, indem er in der Ebene der Hüften hin und her schwingt, den Mittänzerinnen Informationen über die Entfernung zur Futterquelle. Sie erfahren diese Information freilich nicht im Handauflegeverfahren, was im dunklen Stock ja naheläge, sondern durch inneren Uhrenvergleich mit der Zeitdauer der Schwänzelläufe, auch wohl durch sensorische Verwertung von Vibrationsstößen, die von der Brustmuskulatur der Schwänzelnden via Wabenboden auf sie übergehen. Man hat diese Vibrationen elektromagnetisch aufgezeichnet und gefunden, daß ihre Dauer genau mit der des Schwänzellaufs übereinstimmt. Der Zusammenhang beider mit den Entfernungen, die sie ausdrücken, wurde in grafischen Tabellen veranschaulicht. Mit ihnen und mit einer Uhr in der Hand kann der wissenschaftlich belesene, mit einem Stück Schlauch als Hörrohr am Stock lauschende Imker ziemlich zuverlässig sagen, wo seine Immen ihre neueste Stammkneipe haben. Ganz allgemein gilt, daß intensive kurzintervallige Bauchtänze eine nahe Entfernung, um 100 Meter herum, anzeigen. Je langsamer, gemessener die Schwänzelphasen verlaufen, desto weiter fort befindet sich die auszubeutende Tracht. Sie wird auf einige zehn Meter genau angegeben und ebenso präzis gefunden. Bei 740 Meter Entfernung zum Futterplatz überflogen in Versuchen, die Karl von Frisch anstellte, selbst ungeübte Anfängerbienen das Ziel nur um durchschnittlich 31,8 Meter. Der Suchfehler betrug 4,2 Prozent.
Von ähnlicher Genauigkeit ist die Schätzung ihres Kraftstoffverbrauchs für den Reiseweg, wie denn überhaupt der *Kraftaufwand* ihnen das Längenmaß zu liefern scheint, dessen sie sich bei ihren getanzten Entfernungsangaben bedienen. Die Entfernung zu einer nur gegen den Wind erreichbaren Futterquelle würde ebenso wie die zu einer bergauf liegenden übertrieben weit getanzt, legte man metrisches Maß an sie an.
Erwähnenswert finde ich noch, daß die Bienensprache sich in Anpassung an die Wohnverhältnisse zu ihrer heutigen Differenziertheit entwickelt hat. Einige primitive, offenlebende Bienen tanzen noch heute nicht den Flugwinkel zur Schwerkraft, sondern den direkten Winkel zur sichtbaren Sonne. Unsere modernen Bienen beherrschen diese einfache Sprache noch heute. Deckt man ihre Häuser ab, so daß die Sonne Zutritt hat, fallen sie in diesen Primitivjargon zurück und lassen so neumodische Dinge wie die Physik der Schwerkraft aus dem Spiel.

Auch kennt man Sprachschwierigkeiten unter Bienen. Schickte, beispielsweise, eine tüchtige, sozusagen deutschsprechende Krainer-Biene eine italienische Gastarbeiterin per Schwänzeltanz zu einer als 100 Meter entfernt angegebenen Futterquelle, so verstünde die Italienerin, ihrem südländischen Lebensrhythmus entsprechend, 75 Meter, die Ägypterin gar nur 50. Eine südamerikanische sehr ferne Verwandte verstünde unsere Bienen überhaupt nur dann, wenn man sie mit Hilfe von Duftmarken am Boden vom Nest zum Futterplatz lotste. Aber diese Sprache sprechen unsere Bienen nicht. Sie überlassen sie dem Fußvolk der Ameisen.

Tod einer Königin

Sie ist hinfällig geworden, uralt, wenn man sie an ihren kurzlebigen Kindern mißt, von denen sie zehn oder zwölf Generationen, Zehntausende von Individuen, kommen und gehen fühlte in der ewigen Finsternis des Stockes. Sie hat ihn seit ihrer Rückkehr vom Hochzeitsflug vor mehr als vierzehn Monaten nicht mehr verlassen. Es ist ihr zweites Jahr, und spät dazu: Juli oder gar schon August. Nach den Lebensgesetzen ihres Volkes hätte sie längst schon, im frühen Juni, ausschwärmen müssen, mitgerissen von der Hälfte der Stockinsassen, die sich zur Vermehrung des Bienengeschlechts als Vorschwarm ins Freie stürzen, ausgestoßen aus der dunklen Körperhöhle des Biens wie eine reife Leibesfrucht. Doch die Wehen, mit denen die Schwarmgeburt einsetzt: das helle, an Schmerzlaute erinnernde Initiatoren-Sirren der rasend gewordenen Schwirrflieger, die brausenden, wie Fruchtwasser sich zur Stocköffnung hinaus ergießenden Schwarmbienen – sie bleiben aus. Die Legetätigkeit der Mutter hat auf der Scheitelhöhe ihres Lebens nachgelassen. Man weiß nicht warum. Auch Königinnen erkranken, sind leidend. Es ist noch Platz im Stock, und keine Wohnungsnot drängt zum Schwärmen. Statt des zehntausendstimmigen Aufruhrs, der dem Thronwechsel in Bienenvölkern vorauszugehen pflegt, gedrückte Stille.

An einer Stelle, inmitten einer Brutwabe, stecken die Bienen wie im Thronrat die Köpfe zusammen. Aber sie palavern nicht. Sie handeln. Unter ihren Mundwerkzeugen wächst in großer Eile eine Königinwiege heran, nicht unähnlich einem erhöhten, mit wächsernen Stukkaturen umkleideten Thronsitz auf dem Sechseckparkett der Wabe. Der Hofstaat nähert sich der leeren Wiege; es sieht aus, als geleite er die alte Königin in seiner Mitte zielbewußt zu ihrem letzten Dienst am Volk: der Bestiftung der Wiege mit einem Ei. Zeremoniell, ohne Eile, prüft sie das Baumaß der Wiege, senkt den schlank und feingliedrig gewordenen Leib hinein und läßt vom Rest des Samens, den sie vom Vorjahr bewahrt, etwas hinzutreten zum länglichen Ei. Die Keimung neuen weiblichen Lebens beginnt.

Das vollbracht, drängen die Kinder die versagende Mutter aufs Altenteil, eine

entfernte Wabe am Rande des Hauses, weit weg vom Ort, in dem das auserwählte Ei zur fetten Made herangemästet wird, tätschelnd behütet und schließlich verdeckelt von vielen peniblen, jüngferlichen Ammen. Allenfalls noch eine zweite Königinnenwiege errichten die Baubienen und lassen sie von der alten Mutter bestiften: sicher ist sicher. Dann hat sie ihre Schuldigkeit getan, dann kann sie gehen.
Doch wird man ihr kein Leid antun. Während sie auf einer abgelegenen Wabe ihren erschöpften Leib von seinen letzten Eiern befreit, schlüpft die neue Königin. Obwohl kein Zweifel daran ist, daß sie die Alte wittert, verfolgt sie sie nicht.

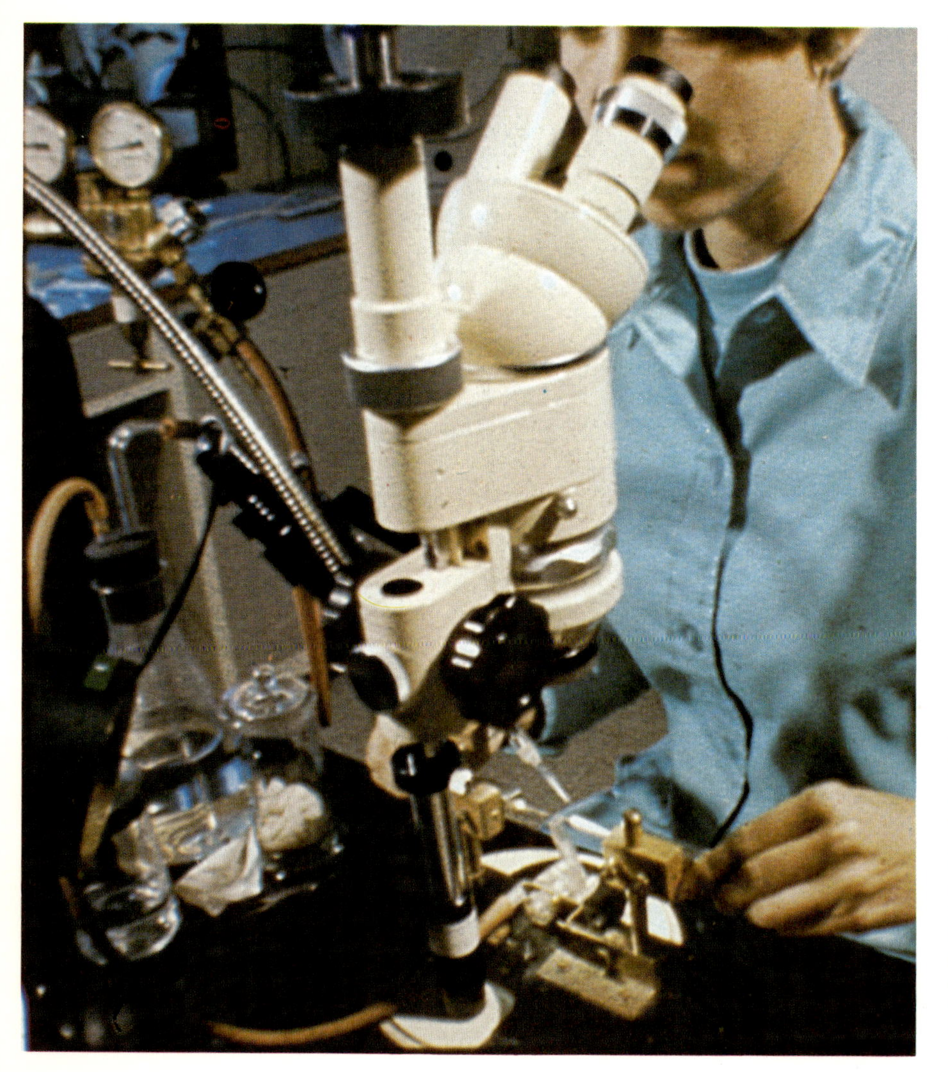

Künstliche Besamung

Zur gezüchteten, leistungsfähigen Königin tritt in der modernen Imkerei der gezüchtete Drohn aus guter, das heißt im Menschensinn: aus arbeitsfreudiger, sanfter Familie. Man will viel Honig, und man will ihn ohne zerstochene Nasen und Hände. Das Hochzeitsbett der Bienen ist nicht mehr der warme Maihimmel, sondern das kalte Labor (von Professor Ruttner in Oberursel).

Die Dekadenz des schwarmlosen stillen Thronwechsels, seine biologische Blutleere, die letzlich zum Aussterben der Bienen führte, wäre sie nicht die Ausnahme, sondern die Regel, dämpft jede Aggression.
Selbst die vom Hochzeitsflug zurückkehrende Jungkönigin, die ihren vor Samen schier überquellenden Leib verkorkt hält mit einem hell leuchtenden Herrschaftszeichen in Gestalt des abgerissenen Zwiebelstücks vom Penis des letzten Drohns, sticht nur die inzwischen geschlüpfte noch jungfräuliche Schwester ab. Die Mutter läßt sie in Frieden sterben. Eines Morgens findet man den Leichnam vor dem Stock. Er zeigt keinerlei Spuren von Gewalt.

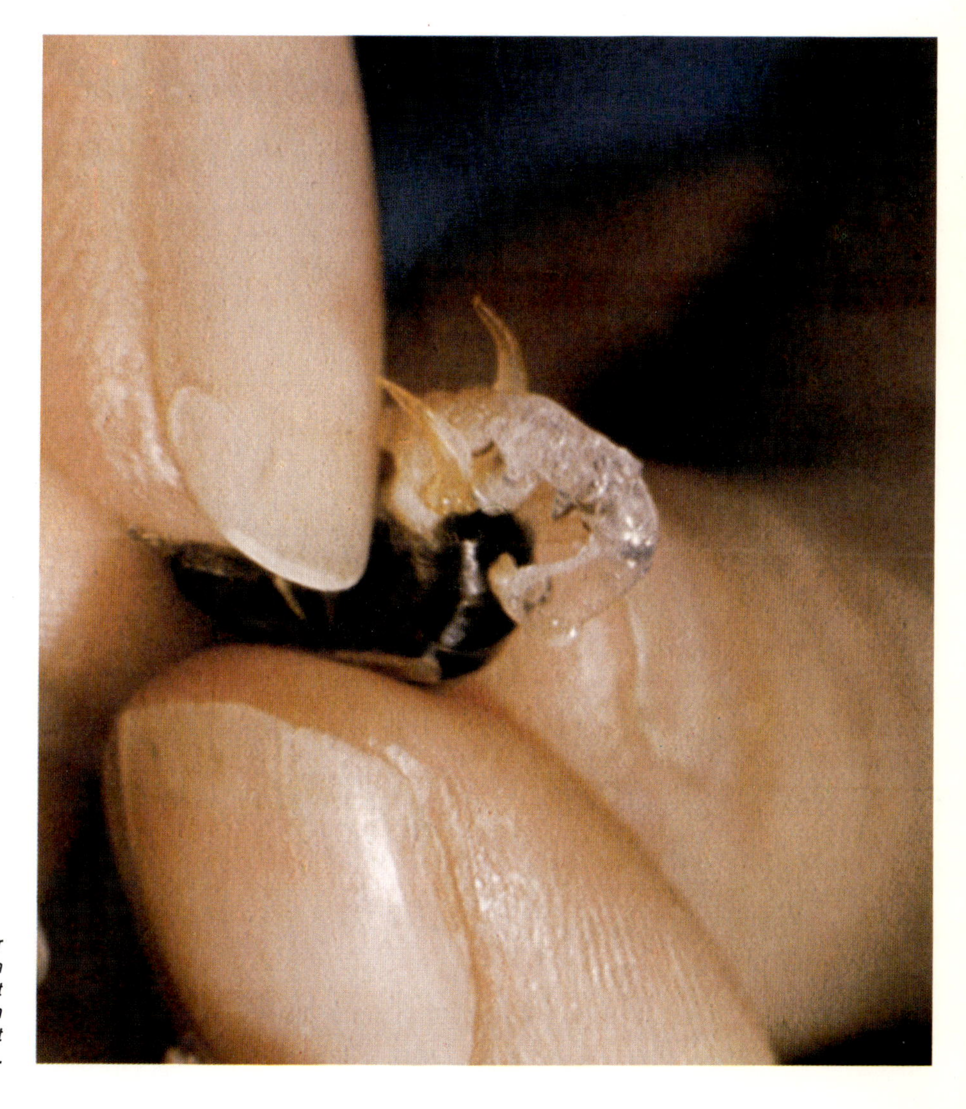

Sanfter Druck von zarter Assistentinnenhand auf den Leib des Drohns läßt mit einem leisen Knall den monströsen Genitalapparat hervortreten.

Ein Drohn ist in der Tat wenig mehr als ein fliegender Penis. Begattungsschlauch und Samenvorrat liegen in Schleim eingebettet.

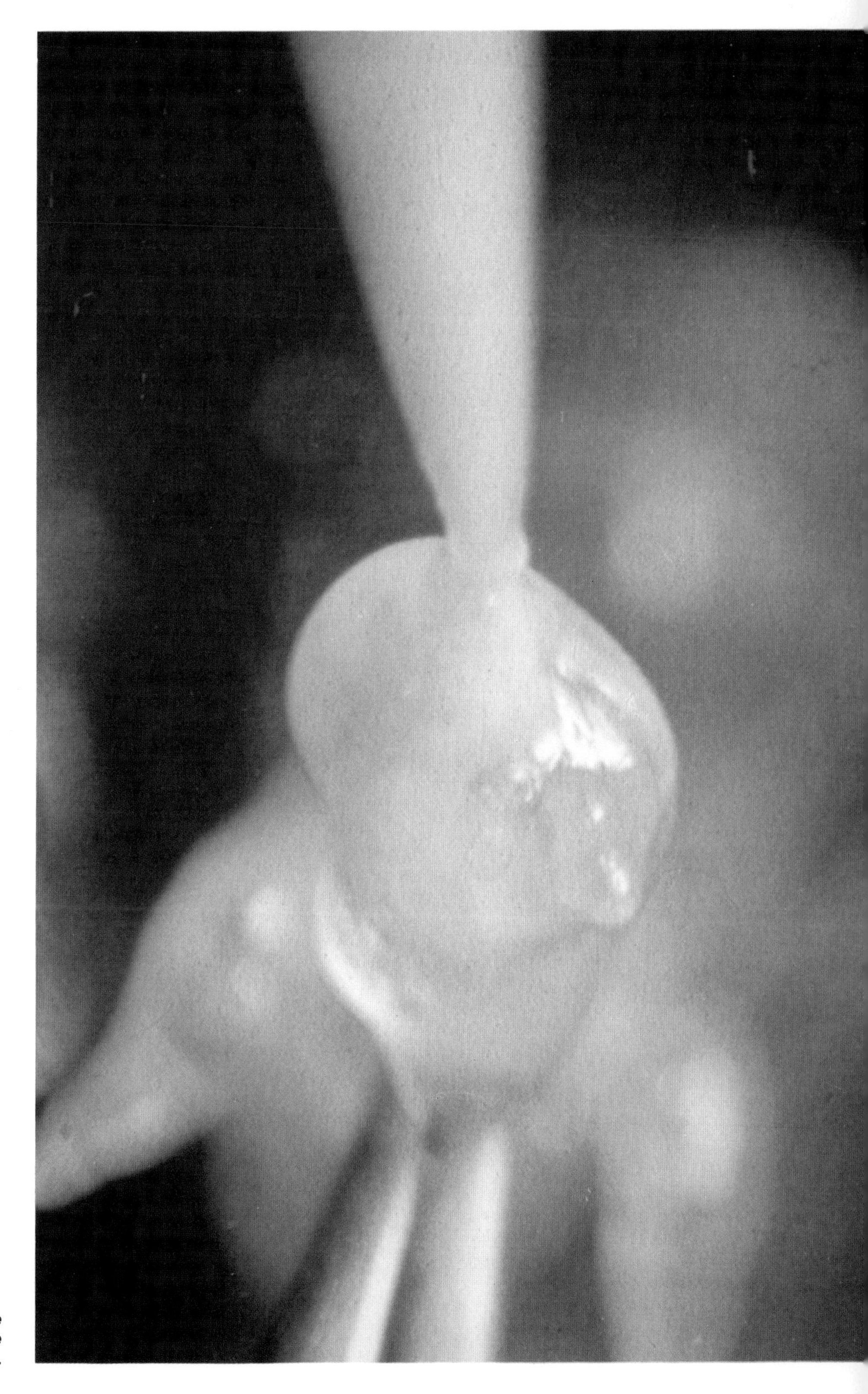

Während eine Pinzette die Genitalien hält, saugt eine Pipette den Samen ab.

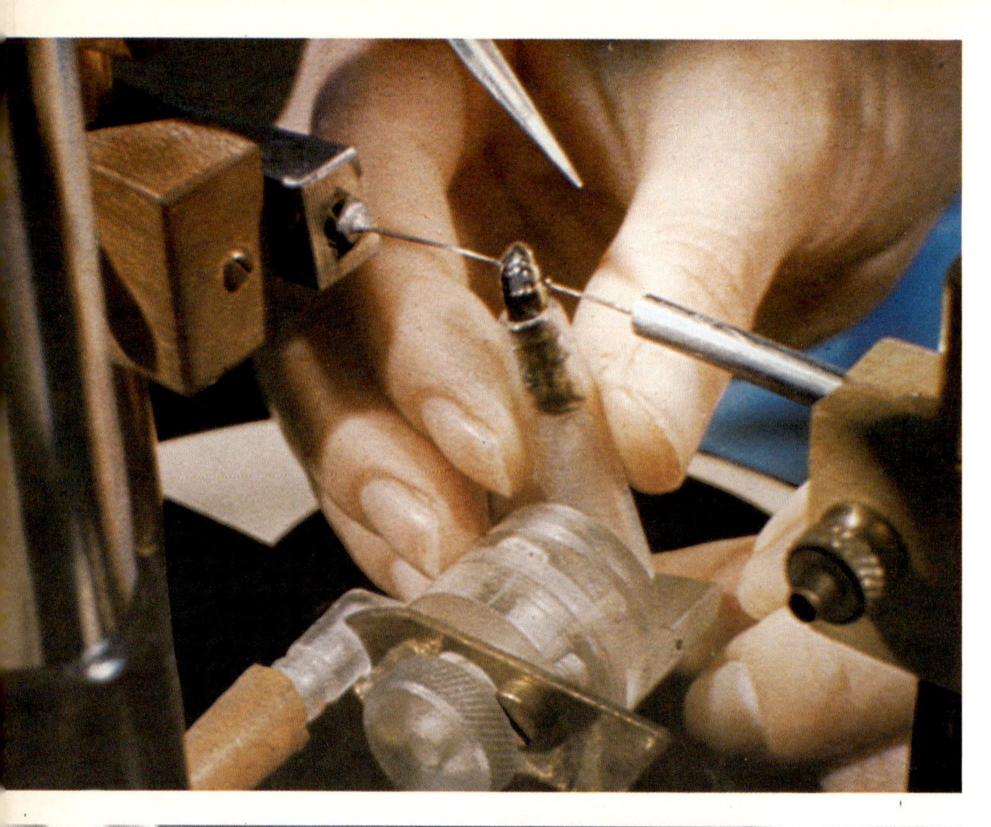

Inzwischen wurde die Königin in einer Plastikröhre fixiert und betäubt. Chirurgische Greifinstrumente fahren heran, um ihr die Leibesöffnung aufzuspreizen.

Dann entleert sich aus der Pipette der Drohnensamen in die Stachelkammer der Königin. Der sahnige Samen von fünf weiteren Drohnen kommt noch hinzu; schier quillt die Königin über. Es muß freilich auch für vier Jahre reichen.

Der Debattierclub

Zander-Weiß, ein wissenschaftliches Autorengespann, dem unser Bienenfilm Dank für manches exakte Detail schuldet, beschreibt das Bienenschwärmen, das durch Wohnungsnot, hormonale Körpervorgänge und psychische Stimmungen ausgelöst wird, als eine ungeschlechtliche (mit dem Hochzeitsflug nicht zu verwechselnde) Vermehrung, eine multiple Art der Zellteilung am gärenden Organismus des Biens. Und dies ist das erste Ankündigungssignal: Mit mächtigen Glotzaugen und kräftigen Fühlern am plumpen Kopf erscheint aus einer Zelle Anfang Mai der erste Drohn, seit dem letzten Spätherbst zugleich auch der erste Mann in einem Wintervolk aus vielen Halbfrauen mit einer Mutter. Der Staat hat eine neue, auf Reproduktion der Art gerichtete Verfassung.

Mit der Drohnenbrut, die gut zehn Prozent der Arbeiterinnenbrut ausmacht, reifen die neuen Königinnen heran, nicht eine oder zwei, wie in einem Volk, das seine Königin in der Stille, ohne Schwarmvorgang, auswechselt, sondern zwischen fünf und zwanzig. Das System ist auf Sicherheit angelegt und auf staatliche Mehrfachgeburt durch mehrfaches Schwärmen. Jeder Schwarm halbiert den verbliebenen Volksrest, bis nur mehr die ganz jungen, zum Flug noch nicht tauglichen Bienen mit der noch unfertigen Brut im Stock sind. (Die Weisheit eines Plans wird sichtbar, der Kinder zu Ammen bestimmte.)

Jeder Schwarm reißt auch eine Königin mit sich, mitunter mehrere, die dann mit Hilfe ihrer starken Stacheln den Thron unter sich ausmachen. Die Altkönigin schwärmt, wenn sie schwärmt, im Mai als erste. Das kann sie, wenn sie kräftig ist, im nächsten und übernächsten Jahr von einem jeweils neuen Stock aus ohne Neubesamung wiederholen. Dann ist sie in ihrem vierten Lebensjahr und verbraucht.

Mit der Altkönigin ging, während ihre Töchter noch reiften, das halbe Volk. Das ist der Vorschwarm. Brausend quillt er aus dem Flugloch heraus, löst sich in der Luft zu einer großen lockeren Wolke auf und verdichtet sich schließlich, wie die kosmische Gaswolke zum Stern, zu einer sich erhitzenden Kugel; in ihrem Zentrum, das die Jüngsten, eben erst Flugfähigen, beherbergt, herrscht die Brutnesttemperatur von 35° C. Sie ist denn auch ein improvisiertes Brutnest, locker strukturiert, mit den Jungen, die sich an den Füßen aufketten, in der Mitte, mit den wärmenden Leibern der Altbienen außen und mit einem Flugloch für den Verkehr von drinnen nach draußen. So hängt die Schwarmtraube, meist nicht weit vom Stock, in einem Baum, an einem Dachbalken, an einer Autoantenne. Sie atmet schwer und überlegt: Wohin?

Dies Überlegen kann man sehen. Spurbienen, vierzig oder fünfzig bei einer Schwarmzahl von 20 000 Bienen, lösen sich vom bewegten Gesicht der Traube wie Gedanken von der Stirn und machen sich auf Wohnungssuche. In allen Himmelsrichtungen prüfen sie die Bäume auf Hohlheit, die Erde auf Löcher, die Felsen auf Spalten. Warm muß die neue Behausung sein, windgeschützt und trocken, von angenehmem Geruch und frei von lästigem Krabbelgetier.

chwarm

ın weiß nicht sicher, was
enenvölker zum Schwärmen
ranlaßt. Die Größe eines
aates spielt eine Rolle,
angelnder Platz für neue
ut wohl auch, das Wetter
einflußt die Schwarm-
mmung und nicht zuletzt
ch hormonale, von der
nigin ausgehende Einflüsse
f die Bienen. Im Juni teilt
h dann das Volk. Die sich
m Stock hinausstürzende
lfte reißt die Königin
t sich fort. Eine von ihren
chtern, die im Stock vor
r Reife stehen, wird ihre
chfolge antreten oder
erseits, nach der
gattung, mit einem
iteren Teil des Volkes
hwärmen. Es sind bis zu
Königinnen in der Brut.
s Bienenvolk kann sich
o auch ungeschlechtlich
mehren, bis nur noch ganz
ge, flugunfähige Bienen
ihrer Brut zurückbleiben,
d einer Königin natürlich,
für die Erneuerung des
aates sorgt.

Jeder Schwarm hängt sich bald nach dem Auszug in einen Baum oder an ein Dach. Aber auch an ganz absurde, ungeeignete Plätze wie Autoantennen. Es ist ja nur ein vorläufiger Ruheplatz. Kundschafter schwärmen alsbald aus und suchen eine feste neue Wohnung, deren Ort sie dem Schwarm tanzend mitteilen. Das eigentlich Wunderbare und zugleich Zweckmäßige ist aber dies: Nach dem Schwärmen erlischt in den Bienen schlagartig jede Erinnerung an den alten Stock; ihr Gedächtnis kehrt ebenso rätselhaft und ausnahmsweise nur wieder, wenn ihrer Königin etwas zustößt. Doch passiert das nur selten: Zur Schwarmzeit stehen die Imker wachsam bereit, um das neue Volk aus dem Baum zu schütteln und es heimzutragen und wie einen Sack voll Kohlen in einen neuen Stock zu leeren.

Kommt der Imker nicht bald, um die Schwarmtraube wie eine Riesenfrucht vom Ast in einen Holzkasten zu schütteln und heimzutragen in einen neuen, vorbereiteten Stock, dann kommt er vielleicht zu spät: Schon kehren die ersten Spurbienen zurück und tanzen außen auf der Schwarmtraube Richtung und Entfernung eines Nestplatzes, den sie für geeignet halten. Aber noch reagiert der Schwarm nicht, denn die Spurbienen sind sich nicht einig; sie bieten zehn, zwanzig verschiedene Wohnungen an. Die einen tanzen heftiger, leidenschaftlicher als die anderen, denn sie halten den Platz, den sie fanden, für gut bis sehr gut. Sie versuchen, die nur halbherzig tanzenden, mit ihrem Fund nicht ganz glücklichen Spurbienen umzustimmen. Die jedoch bestehen auf Augenschein. Hält der Besichtigungsflug zum Ort der so reißerisch angepriesenen Wohnung, was ihre Anbieterin versprach, dann stimmen sie zufrieden in den Tanz der bisherigen Debattengegnerin ein. So wird man sich, nach Stunden oft, zuweilen erst nach Tagen, allmählich einig. Tanzen alle Spurbienen für denselben Ort, dann bricht der ganze Vereln in gelockerter Marschordnung schließlich auf ins neue Heim, vorneweg die Spurbienen, die den Weg anzeigen.
Martin Lindauer, der diese Dinge in den fünfziger Jahren untersuchte, erlebte aber auch den Fall einer unüberbrückbaren Meinungsverschiedenheit. Schon fiel der Schwarm im Hader auseinander. Es hätte die endgültige Teilung des Volkes gedroht, wäre da nicht das verbindende Glied der einen einzigen Königin gewesen, ohne die eine neue Bienenorganisation nicht lebensfähig ist. Es kam zu einer Einigung. Hätten die Parteien in ihrem Streit unversöhnlich verharrt, hätte keine sich bereit gezeigt, in das Haus einzuziehen, das der anderen Seite genehm war, dann wäre dem Schwarm nichts anderes übrig geblieben, als sich am nächsten besten Baum aufzuhängen.

Die Drohnenschlacht

Man muß, bevor man den Vorgang beschreibt, das Wort berichtigen, das ihn bezeichnet: Drohnenschlacht. Nichts dergleichen findet statt. Es ist eine Vertreibung aus dem Paradies, in dem Brutmilch und Honig fließen. Nicht mehr.
Doch es ist wahr: die Drohnen verlassen das Paradies ungern, und wer möchte es ihnen verdenken. Aber da sie mangels einer Stachelwaffe zur Gegenwehr anders als durch störrisches, eselhaftes Beinstemmen unfähig sind, kann man *Schlacht* nicht gut nennen, was sich im Spätsommer an den Fluglöchern der Bienenstöcke sichtbar abspielt.
»Mit der ganzen Grausamkeit, zu der Arbeiterinnen fähig sind«, schreibt Zander-Weiß in einer wissenschaftlichen Arbeit, gingen die Halbweiber unter den Bienen bei der Drohnenaustreibung zu Werke. Ich möchte diesen Anthropomorphismus nicht einmal in meiner eigenen, von wissenschaftlichen Formulierzwängen freien Darstellung sehen. Denn was geschieht wirklich? Der

Herbst naht, die Honigernte ist eingebracht, der Winter steht schon kalt glitzernd in den nächtlichen Sternen, und viele Mäuler werden monatelang vom Vorrat zehren müssen. Es überwintert bei den Bienen ja nicht nur die Königin. Im Oktober ist die letzte Brut geschlüpft.
Arbeiterinnen, die zu dieser späten Zeit des Bienenjahres noch geboren werden, treten zwar in ein anfänglich freudloses, dafür aber langes Leben ein; sie sterben nicht, wie die Frühjahrsbienen abgenutzt nach wenigen Wochen schon, sondern sie bringen das Lebenslicht des Volkes auf Sparflamme durch den Winter.
Es sind nun nur noch vollwertige Arbeiterinnen unterschiedlichen Alters im Stock. Nachdem man noch einmal ins Freie austrat und die Blase leerte, macht der Imker hinter ihnen dicht. Zur Traube zusammengezogen wandern die Bienen ganz langsam, wie ein großes schwerfälliges Tier, über die Honigwabe, aus deren Zellen sie mangels Frischem wie aus Konservendosen leben, und wie diese häufen sich die wächsernen Zellendeckel als Wohlstandsmüll am Fuß des Wabenwohnblocks auf, vermischt mit den Leichen der aus der Traube gefallenen Toten.
In langen Wintern müssen die Bienen vier Monate und länger den Kot bei sich behalten; da sammeln sich Mengen an, die beinahe das Gewicht des Bienenkörpers erreichen und den Tieren dann nicht selten durch Krankheit die Gewalt über ihren Darm rauben. Das Privileg des freien Kotens im Stock hat nur die Königin; mit Rücksicht auf die fünf Millionen Samenfäden und die großvolumigen Eierstöcke im Leib der Schwangeren, nehme ich an.
Der Winter also erlaubt einem Bienenvolk nicht den Luxus nutzloser Kostgänger: die Drohnen müssen vorher aus dem Haus. Was sollten sie auch noch? Alle Königinnen weit und breit haben die Samentaschen randvoll. Im nächsten Frühjahr sieht man weiter. Neue Drohnen machen sich fast von selber; nicht einmal Samen ist dazu nötig.
Grausam kann man die Arbeiterinnen wohl nicht nennen, eher gründlich. Sie, die in ihrer Ammenzeit fette Madenbabys so pingelig behandelten, daß man beim Zusehen versucht war, von Herzen und Kosen zu sprechen, reißen nun ohne zu zögern selbst die Drohnenbrut, die erst zu Drohnen werden will, aus den Zellen heraus. Ammen, die ihre Kinder einst im Futtersaft schwimmen ließen, saugen sie nun bis aufs Puppenhemd aus und befördern die traurigen weißlichen Reste ins Freie.
Sie haben nichts gegen Männer speziell, denn auch die nicht mehr sehr rüstigen Kolleginnen, die von harter Erntearbeit und Hunderten von Flugkilometern gezeichnet sind und nun, nach Art alter Frauen, nur noch ein wenig vorm Haus in der warmen Augustsonne die Flügel in den Schoß legen möchten, werden über den Rand des Flugbrettes gedrängt. Und dort unten, im kühlen Gras, das die schon herbstlichen Nächte mit noch kühlerem Tau nässen, liegen sie dann zusammen mit den auf dieselbe Weise verstoßenen Drohnen. Selten überleben sie eine Nacht. Ihre kleinen starren Körper tragen die Meisen und die Wespen fort.
Das war die Drohnenschlacht, und es war nicht eine Sache des haßerfüllten

Augenblicks, kein Massenmorden in einer Nacht. Tagelang, manchmal über Wochen hin, bei heller Sonne, findet diese Austreibung statt, bis die Arbeitsbienen sicher sein können: Endlich wieder allein, nichts im Stock riecht mehr nach Mann! Abgesehen von der Pfeife des Imkers, der dies alles höchst zufrieden beobachtet. Er weiß, daß sein Volk die Königin untersucht und schwanger gefunden hat: im Februar schon wird sie legen.

Drohnenschlacht

Wenn im Sommer keine Drohnen mehr gebraucht werden, wenn die Königin besamt ist, vertreiben die Arbeiterinnen die unnützen Fresser aus dem Stock.

Obwohl den Arbeiterinnen an Körpergröße weit überlegen, leisten die Drohnen kaum Widerstand. Sie sind friedfertig, ohne Stachel und so gut wie ohne Gehirn.

Selbst die Drohnenbrut wird aus den Zellen gerissen, ausgesaugt und zum Stock hinausgeworfen. Die Austreibung vollzieht sich allmählich, über viele Tage hinweg.

Der Verfasser während der Moderation seines Bienenfilms. An der Wand rechts hinter ihm sieht man eine stilisierte Tanzfigur der Bienen. In der Mitte des Kreises, der in Wahrheit eine plattgedrückte Acht ist, sieht man die Schwänzelphase, deren Richtung den Flugwinkel bezeichnet, der zur Sonne einzuhalten ist, wenn die derart informierten Bienen die durch den Tanz signalisierte Nahrungsquelle finden sollen.

Kameramann Kurt Hirschel hatte bedeutenden Anteil am großen Erfolg von Sterns Bienenfilm. Er konstruierte Lampen, deren kaltes Licht die wohl größte Schwierigkeit des Unternehmens beseitigten: das Wegschmelzen der Waben und Honigvorräte in der Wärme einer Lichtmenge, wie Farbfilmmaterial von der feinkörnigen, für mikroskopische Arbeit geeigneten Art sie verlangt. Kurt Hirschel bezahlte seine viele Monate anhaltende Leidenschaft für Bienen mit vielen schlaflosen Nächten und seine technische, auf Nähe versessene Fürwitzigkeit mit etlichen Stichen.